God is love and
love never fails.

感謝主，
我還是個諧星

笑著勇闖生命難關的女孩

吳瑋萍 著

推薦序

面對生命難關始終不動搖的信心

周巽光

「信是所望之事的實底，是未見之事的確據。」（《聖經》希伯來書11:11）

記得瑋萍在二〇一〇年六月突然被告知得到急性血癌後，我看見她因為接受化療，身體出現噁心、嘔吐、掉髮、視力減退、嗅覺喪失……種種越來越嚴重的後遺症，有一度病況相當的危急，我們甚至真的以為快要失去她了。那個時候我能做的，除了去看她、鼓勵她，就是常常帶領教會的弟兄姐妹為她禱告，把瑋萍交給創造她的主，求主親自醫治她，作成祂榮耀的新事！

而後來的發展，正如你我親眼目睹，感謝主，奇妙的神蹟真的發生了！

我好感謝信實的主垂聽每一份為瑋萍的禱告，除了過程中讓她接受到非常好的醫療品質（感謝所有非常專業又有愛心、耐心的醫生護士們）、總是有像天使般的親友群願意排班看護陪伴、還有保守瑋萍家人在這段長期身心靈的煎熬下，一切都安好。

但我內心其實最感動的，是瑋萍在整個的抗癌過程中，她的身體雖然會非常不舒服，心情常常很低落，但即使面對急性血癌這麼嚴重緊急的生命難關，她還是盡力保持主最初創造她的樣子——單純、樂觀、熱情、凡事充滿盼望，相信無論如何主一定會醫治，時刻給她最好最棒的帶領！真的就是瑋萍這份單純不動搖的信心，開啟了主醫治的神蹟鑰匙！

我深信不疑，這個發生在瑋萍身上最令人動容的生命故事，一定能夠帶給每位讀過本書的讀者，一份永不放棄的信心力量！

感謝主，現在的瑋萍不僅還是個諧星，還是個超有梗、超吸引人的漂亮諧星！

（本文作者為 Asia for JESUS 國度豐收協會執行長、台北靈糧堂青年牧區區牧長、約書亞樂團團長）

推薦序

透過盼望，開啟生命真正的醫治

周巽正

瑋萍是我認識的人中，最活力十足、最熱情奔放、最有衝勁、最開朗以及最愛搞笑的那一位！就好像是廣告中那隻用了某國際知名鹼性電池的兔子一樣，彷彿渾身擁有永無止境的能量，隨時都戰鬥力百分百！

然而，當所有對自己的定義都不再存在時，你還能真的明瞭自己是誰嗎？

我所認識的瑋萍，似乎在這一場疾病發生之後，整個人改變了。

原本最活力十足的，現在連下床的力量都沒有。

最熱情奔放的，卻喪失了面對未來的勇氣。

最有衝勁動力的，居然連自己過不過得了今晚，一點把握都沒有。

最具生命力的，如今竟然離死亡這麼近。

在完全束手無策的時刻，卻反而是真實遇見造物主的絕佳時機！

感謝主，當初創造瑋萍的時候，賜給了她一顆最單純的心，讓她在幾乎面臨人生盡頭的時候，始終相信上帝那無條件的救恩、無法測度的愛，一定會信實的帶領她度過大大小小的難關，得著最妥善的醫治品質和結果；從這些過程中，她也才真的明瞭，每每在最絕望的關頭，上帝透過她這股真切無比的盼望力量，一步步開啟關於她生命的真正醫治：她變得比以前更懂得接納自己、更明白如何去愛和被愛、更精進了搞笑的內行技巧門道，當然也變得比以前更有魅力！

你永遠無法完全知道上帝創造的你，究竟會有多麼精采，多麼令自己期待！如今瑋萍的生命力，已經不是任何形容詞可以形容的！我期待所有看過這本書的讀者，不僅僅是被瑋萍所表現出的樂觀開朗和勇敢精神所感動，而是能夠更深一層的體會到，如今她生命中所擁有的那份最獨特、最豐盛的珍貴寶藏。

感謝主！

（本文作者為臺北靈糧生命培訓學院院長、Asia for JESUS國度豐收協會副執行長）

推薦序

爽朗小桃奮鬥記

咖啡貓

在我升大四的那年，社辦來了一個穿細肩帶的女孩，笑容很甜美，但一說起話來就像是個淘氣的古靈精怪，我叫她桃樂絲，也叫她吳小桃。大學已經開始在電臺工作的我，受一位主持人請託，要我幫忙找一位工讀生，我立刻想起各方面都符合主持人要求的小桃，她順利進了電臺，就這樣一直纏著我……哦，不是，就這樣我們建立起如親姊妹般的情誼，她瘋狂大喊「學姊學姊」的聲音，迴盪在她去新加坡讀書、返臺投入校園宣教事工的記憶長廊中，很是爽朗。

二〇一〇年的夏天，我接到一通「瑋萍生病了」的電話，我還記得打電話給她的手在顫抖著，當時涉世未深的我們，聽到「血癌」二字，像是世界末日即將到來，我內心大叫著：「總是辦活動辦到喉嚨沙啞的吳小桃，妳趕快給我好起來！」

看著她與血癌奮鬥三年，小桃一直很努力地面對病情，我謝謝她能夠從完全失去行動力到可以行走自如，並且成為我的伴娘。

這本書不只敘述瑋萍與血癌奮鬥的歷程，它同時也記錄了各種「和好」的過程：與曾經疏離的家人和好、與用力過度因而傷身的自己和好；走過病痛，她也與賜她生命氣息的上帝和好。

親愛的小桃，謝謝妳的勇敢，謝謝妳還是個諧星！

（本文作者為佳音電臺主持人，本名楊盈箴）

目錄

楔子

諧星也有笑不出來的時候

嗨，大家好，我是吳瑋萍。

目前已經加入熟女行列好一陣子了，但還是有一顆年輕的心！想像力豐富的我，從小就超愛看《小叮噹》（《哆啦A夢》）。

我記得某個夏天，我「喬」了兩臺電風扇，一個是矮的方形扇，當小叮噹；另一個是高的電風扇，當大雄，然後我叫妹妹一起過來站在電風扇旁邊，哼起結婚的禮樂，跟電風扇牽手（扶著風扇）原地踏步，假裝要跟小叮噹和大雄結婚；哼到一個段落後，我們再跑場交換新郎……

也曾經異想天開，和妹妹一起從四樓我們家的窗戶，用繩子吊一個小罐子，裡面放零錢，垂懸而下，想要用這樣的方式跟樓下賣炸熱狗的阿姨買熱狗，再直接吊上來……結果我媽剛好回家，她頻頻跟熱狗阿姨說不好意思後，順手幫我們把熱狗帶了上來。

根據我身邊最可靠，也是長時間來最貼身相處的證人——妹妹的看法指出：「妳小時候是個很嗯的人，很愛表現、又很愛出鋒頭！」每次照相，我都會搔首弄姿，想得到眾人的讚賞。有客人或是飯局的時候，只要爸媽指令一下，我就會自動秀出我會的歌曲和舞蹈。有時甚至自己cue爸媽，迫不及待地想要「出場」！雖然我不是很美麗的那一型，但圓圓的臉、圓圓的眼睛、圓圓的身型，頗受眾人的喜愛。可能就是因為這樣，從小，我就對自己有很大的「期許」，想要成為「傳奇人物」。

打開內在諧星本能的開關

人生中的每個階段，我都會有一些「目標」，埋首於其中不斷努力，在當中找到自己的價值和樂趣。

國小時期追求課業成績和各項才藝表現；國中時渴望成為頑皮男生眼中的焦點，當個純真可愛的乖乖女；高中時開始追求會玩又會讀書的形象……

就像自己開了家「BabyBoss職業體驗城」，在不同時期，我會給自己不同的要求和角色。起初，我真的很享受。但，什麼都想要做好、做到位，讓我活得越來越ㄍㄧㄥ，我好像漸漸失去了最初心中那份單純的快樂……

好險，在高二時，我認識了耶穌，確認了不用非常努力、事事做到完美，也總會有個「人」愛我，才慢慢地做回我自己。

我開始可以在好友面前搞笑，甚至想要邀他們一起來。

小學時，頑皮的男生總是喜歡把側背的書包掛在頭上，用前額頂住，狀似「飄撇」地在路上走。當時我心裡就很羨慕，也想試試看，但卻覺得一定會被別人笑，為了維持形象只好作罷。信耶穌後，有一天放學時，與好友在圖書館念完書要回家，覺得書包好重，腦海中突然又浮現這個畫面，然後就執行了！

「原來用額頭背書包比較輕耶！妳要不要試試！」我開心地說。好友回頭看到我，嚇了一跳，然後哈哈大笑……

那個哈哈大笑，讓我們卸下了一整天的疲憊，我內在詼星本能的開關，好像也被打開了。我開始把自己累積、壓抑了十幾年的觀察力都施展出來，常常會說出一些很好笑的話，讓自己和朋友都開心。我開始想要當一個可以散播歡笑的人。

慢慢「現出原形」後，喜歡開心的氛圍，喜歡有很多朋友，又喜歡掌聲的我，在大學時，經朋友介紹，鼓起勇氣參加了劇樂部劇團所辦的表演藝術培訓，開始接受戲劇和演員的訓練。我超級享受這些過程，每次排練，我心裡都有種「Bingo!這就是我要的！」的感覺。

人生第一場戲的劇本改編自莎翁的《奧賽羅》，我飾演裡面壞心的大臣。在排練時，我要衝向一個忠臣，然後拿假刀捅他，這是個非常緊張的橋段。導演喊「Action」後，經過幾秒的內心戲，便快步衝向忠臣，拿刀要殺他，可是我一時沒想好要捅哪裡，就跳起來，把泡棉做的假刀往他頭上插……

大家都笑瘋了！我也因此發現：原來，我天生就是個諧星！我深深愛上了大家一起真心開懷大笑的氛圍。所以，「認真並享受其中，Have Fun!」，成為我的座右銘。

如果要歡樂的過活，腦袋一定要會「轉彎」。在戲劇表演的訓練下，很多時候需要用過去曾經歷的事件和情緒，來代換劇情需要的情緒，才會有張力。因此，當我決定活出自己，**我的想像力也讓我可以無限發揮，可以把很討厭、悲慘、麻煩的事情，在心中偷偷給個歡樂的收尾。**這樣的諧星特質，讓我在教會的校園工作中如魚得水，真的「狠狠的」玩得好開心！

後來，在工作中，我有機會帶領許多孩子一起奉耶穌的名禱告、一起演戲，每當孩子們即將上場的時刻，我便挨在舞臺邊，低聲催促著他們上場；然後快步擠到臺前，預備欣賞他們精采的演出。在藍天白雲下看著他們的笑臉，感受生命的熱情和盼望，我的心裡充滿感動。

我以為事情會一直這樣繼續下去，卻沒想到，主早已安排了一齣既特別又困難的戲，等著我來演主角……

歡樂暑假變奏曲

暑假快到了，五月是教會籌備國內外服務隊的時間，我的心噗通噗通地跳，因為我得到主管的同意，可以跟著醫療團隊一起去非洲肯亞，真是太酷了！在那之前，我還要先去花蓮帶夏令營！這麼精采的暑假，我一定要好好享受它。

就在籌備出隊、各項活動如火如荼進行之際，我發現自己的身體不太對勁。莫名的痠痛和疲累讓我很困擾，左背上的飯匙骨莫名的痠痛，怎麼貼藥布、換什麼姿勢、做什麼伸展操，都沒有用。

一直隱隱作痛真的很討厭，原本我喜歡騎著腳踏車到處去，但因為背痛，加上莫名的疲累，所以改搭公車上下班；原本午休時間也不放過，總要到處跑的我，因為太累而開始睡午覺了……就連平時最大的享受——吃美食，都因為食欲變得很差而不怎麼有趣了。一開始我心裡還竊喜：耶！我最近自然變瘦了耶，都不會想吃東西了！

一向健康的我，生病都是自然好，也就不以為意，只是請了一天假在家休息。一想到暑假滿滿的行程，我就非常興奮，腦子一直咕嚕咕嚕地轉，即使在家休息，也還不斷想著：帶動唱的排練有沒有什麼可以修改或做得更好的地方？或是反覆在心中排練肯亞英文講道的稿子、想著哪一些需要預備的行政作業要交代下去……可是我的身體卻漸漸跟不上了，讓我很挫折。

有些晚上會痛到難以入眠，這時我會裹著小被子，想像是天父擁抱著我。雖然很「阿達」，但心裡會比較安心，相信天父會保護我、醫治我！這段時間裡，教會的弟兄姐妹常為我禱告，爸爸總是為我準備營養好吃的粥品，心裡真的很感恩。

五月底，寶貝妹妹開始帶著我四處看醫生。她自己一直為類風濕性關節炎所苦，身體常常會痠痛，卻還是很細心地照顧著我。以前我總是認為自己很會照顧別人，現在受到家人的照顧反而覺得很奇怪，但也很感動。

「妳說，會不會是什麼很嚴重的病呀？然後病到要住院？」有天，想像力豐富的我隨口亂問妹妹。

「不知道耶……」她若有所思地說。

「如果真的發生這種事，依我肉麻噁心的個性，到時候我一定要在醫院點名，看誰沒有來看我，然後叫大家都要發表愛的感言！」

她終於被我逗笑了。

但，看了許多醫生，怎麼看都看不好，痠痛和疲勞絲毫沒有起色。

某個週五晚上，我在教會參加禱告會。

「妳不回家休息嗎？都發燒一整天了。」小茉關心地問。下午她幫我刮痧，我的背上一片紅。

「可是我想參加禱告會，為暑假的服務隊、醫療隊禱告呀！可以的啦。」我回答。

虛弱地坐到會堂最後面、角落的位置。我心裡真的很沮喪，好生氣自己為什麼在出發前一直生病、一直看醫生。我向天父禱告：「謝謝祢總給我路去飛去闖，我真的好喜歡跟祢一起去冒險，去看見人們因為祢的愛而綻放的笑容。所以請祢一定要讓我好起來呀！我好想去。」

在詩歌吟唱聲中，我感覺天父回應我：「女兒，我喜悅妳的願意和跟隨，而且**我要為妳換上一套軍裝**，妳願意繼續跟隨我嗎？」

「換上一套軍裝？」累癱在椅子上的我，這時還不明白「軍裝」的含意，只是傻傻地笑著。

「我當然要繼續跟隨祢呀！好期待這套軍裝，請祢繼續帶領我！」我堅定地回答。

倔強而脆弱的我如何遇見主

從小，我就是好強、好表現的女生，總是期待自己的努力能夠換來好人緣和讚賞。但，凡事都要活在別人的眼光底下，哪有那麼舒服和自由呢？這樣的心態，在高中時達到了巔峰，我要求自己每次都一定要考全班第一名。

當時我真的做到了，但我卻越來越不快樂。

班上的第二名，也是我的好朋友，以愔，是牧師的女兒。高二的寒假，她帶我去參加校園團契舉辦的冬令營。

當天，音樂人黃國倫在臺上分享自己的故事。他說，優秀有才的他一向自視甚高，但進入流行音樂界後，做出來的曲子總是被退件，讓他非常挫折。某天在禱告後，他決定要寫一首歌給上帝，沒想到這首〈我願意〉竟然超級熱賣！從此他明白了，人要謙卑，並非總是要倚靠自己的力量，而是要連結到生命的源頭，我們的主，上帝。接著劉曉亭牧師的分享中，有一席深深打動我心的話：「**神愛你，是因為你是你，並不是因為你有多棒，表現多好……**」這段話完全打中我心裡最深的恐懼——**怕輸、怕表現不好、老是在意別人的眼光**。臺下的我瞬間流下了眼淚。

那一刻，長久困在我心中的恐懼，好像有了出口。勇氣充滿了我的心。於是我馬上決定要讓耶穌成為我生命的主。

成為基督徒，神並沒有保證我們一帆風順的人生，但卻應許必會與我們同在；

雖然還是遇到許多挫折、試探和困難，但在天父的保護和引領下，我總能感受到神在我們生命中預備的美好心意，勇敢走上夢想的旅程。

大學畢業後，求職過程出乎意料的不順，但蒙上帝祝福，在每份工作中都結交到不少好朋友。最重要的是，我更認識自己了！放下「高標準自我要求」的枷鎖後，我才發現自己好喜歡和朋友一起笑笑鬧鬧；也從本來的「死心眼追求完美」，變成了想在每個任務中「認真地玩個開心」！原來，我是個諧星！

幾番流轉後，我得到了香柏牧區（年長者）幹事一職；一年後，我蠢蠢欲動，想去新加坡唸聖經學校，真不知是哪裡來的膽子和想法，結果又得到了香柏牧區長輩們的資助。這一去，從此開啟了我的宗教人生！耶穌一路引導著我，讓我在這一年陌生的環境中，能夠更真實地面對自己；而成為傳道人這件事，也悄悄地成為我的夢想。

回國後，我不好意思向牧師開口表明心志，沒想到牧師主動找我約談，讓我從「校園宣教士」開始做起，僱用我成為教會的一員，開始勇闖校園。我抱著興奮又期待的心情禱告，上帝似乎告訴我，這將會是一個好吃、好玩的旅程！

果然，在因緣際會下，我進了開平餐飲學校教戲劇表演，也去到許多其他學校帶社團、辦講座，因此有很多傳福音的機會。兩年後，我成為見習傳道！我真的「玩」得好開心，也常常被金牌小廚師們款待，所以「吃」得也好開心！能夠陪伴孩子們走過青春歲月，是我的榮幸！回想起自己的學生時代，青春年華的背後隱藏著許多苦悶和不知所措，也很難對誰說出口，但我卻因為耶穌，生命得以重拾活力。不管他們有沒有接受耶穌，我都相信，透過分享和扶持，可以幫他們活出生命的精采。

另外，我也參加教會的服務隊，去了國內外許多地方，看見許多人因著耶穌基督的愛，生命有所改變，變得神采奕奕。這雖然是一條我沒有料想過的路，但工作時我卻一直充滿熱情和衝勁。每段旅程，都累積了許多美好的經歷和深深的感動。

暑假大驚嚇！

沒想到，狀況從原先小小的不適，演變成時而發冷，時而發熱，高燒不斷的情況。那晚爸媽輪流照顧我，爸還問我要不要去急診，我倔強地拒絕了，只是想再賭賭看，會不會再過一下就沒事了……

隔天早晨，我終於受不了了：「爸，帶我去急診好了。」

急診室裡的病患很多，我的小小床位就在護理站旁邊，刺眼的日光燈、忙碌又吵雜的環境讓我有點生氣。「搞什麼鬼呀！為什麼我得待在這種地方！」渾身無力軟趴趴的我嘀咕著。

經過抽血檢查，才發現我身體裡的紅血球殘破不堪，白血球則多到嚇人，血小板更是少到不行（難怪刮痧很快就黑青一大片），得進一步做「骨髓穿刺」來找出原因。

隔天，醫師在我的腰骨上打麻藥，可以感覺得到細長而有彈性的針頭在身體裡鑽來鑽去，我心裡的恐懼像充滿氣的氣球，隨時都會爆掉！麻藥生效後，醫師又拿一種螺旋狀、接著細鋼管的鑽子鑽入我的腰骨，像上發條那樣。固定好後，再另外用針筒抽吸骨血。

「現在是什麼情況啊？還有這樣的喔！」強忍身體的不適，加上突然面對完全意料之外的情況，我忍不住在心中吶喊著。難以言喻的痠痛感蔓延全身。雖然醫師會在動作前清楚地預告下一步動作，以及會有什麼感覺，給我一點點安全感，但驚嚇指數還是破表！

次日晚上，照護醫師來探視我，嚴肅地宣布，我得了「急性淋巴型白血病」，也就是俗稱的血癌！

血癌?!這是要嚇唬誰呀？（但我們全家人真的都嚇壞了！）頓時，連空氣都凝結了似的。

「我們會為妳安排血液科病房，讓妳盡早開始化療。」醫生說。

「忍住，不要哭，爸爸會難過……」我在心裡對自己說。

打電話通知媽媽、妹妹和教會的好姊妹曉薇後，我其實還很傻眼，不知道自己該怎麼面對這個事實。

「爸……好誇張喔！怎麼這麼嚴重啊……」我假裝輕鬆，笑笑地說。

「沒事啦！化療就會好了，不要擔心！」我想爸也給了我一個強作鎮定的回答。

上帝給我的軍裝

家人匆匆為我整理行李後，就這樣轉入了血液科病房。許多朋友趕來探望我，病床旁整整圍了兩圈人。我虛弱地躺在病床上，勉強自己要打起精神來面對每一個愛我的人，但身體就像離了水的章魚，軟趴趴的……腦中依然一片空白：這一切太不真實了！我不是才剛去泛舟回來嗎？再兩個月要去肯亞了耶……啊啊啊啊！我怎麼會得了血癌?!……

血液科病房裡，每位病人都很虛弱，容易感染，因此探訪者除了要洗手、戴口罩外，人數一次也不應超過兩位，越少越好。哇塞，有這麼嚴重喔？一向是個健康寶寶，從來沒有住院經驗的我，有好多東西要重頭學起！

除了隔壁床有病友，值班的護理師和醫生也會不定時出現，送藥、做治療和查房。用布簾圍出的小小空間，只是為了保留最後一點隱私的表象。發燒症狀緩解後，我清醒地躺在病床上，聽著各種聲音：談話聲、打呼聲、腳步聲、機器聲、推車聲……霎時間，面對這失控的一切，不禁疑惑：我該怎麼做？在教會擔任學生輔導多年的我，自動啟動了「自我輔導」機制，想要試著安撫自己，找到出口。我不斷地跟自己說：不要害怕，要有信心，上帝會救我；但另一方面，**一點點未知便能夠把這些信心喊話全都敲碎……**

就在內心不斷拉扯的過程中，腦袋當機，只剩一片空白。

透過胡毅牧師的幫忙，我轉為同在靈糧堂聚會的姚明醫師的病人。籃球界有優秀的姚明，沒想到臺大血液科也有一位認真專業的醫師姚明！有教會的弟兄當我的主治大夫，一瞬間，那一片空白的腦袋，好像開始有點畫面了！「哇！上帝真的有派新的將軍給我耶！」我心裡默默地想著。

躺在安靜的病房中，我閉上眼睛，想要好好感受這個極度陌生的環境；心情好沉重好沉重，但卻很奇怪的一點都不想哭。心中出現了一個念頭：「都派將軍給我了，這套新的軍裝，也會保護我的，對吧？上帝……所以，我穿上了，**請祢也讓我穿上……勇氣！**」

第一章
變光頭、狂掉髮，化療初體驗

看著藍天白雲，就看見了對未來的盼望

最難演出的角色是——

正式住進醫院後，需要排定化療療程，為此，醫療團隊做了更深入的血液檢測，我才知道，原來我先天就有兩對費城染色體變異。三十年來都好好的，最近卻忽然「ㄍㄧㄚˊ」起來發作，使我骨髓的造血功能大亂，身體裡就像起內鬨，免疫系統叛變，自己打自己，才會讓我渾身痠痛、發燒、整個人昏昏沉沉。

我需要進行化學治療，這是一種「寧可錯殺一百，也不能放過一個」的治療方式，抑制我的骨髓（總司令）造出不適量和未達標準的血球（叛變的軍隊）。這樣的治療會讓我的免疫力大幅降低，在這期間，各路細菌、病毒、黴菌都可以來攻打我！

化療很快地開始了，療程規畫分為四期。姚醫師詳細的向我說明化療的副作用，也希望我能先把頭髮剃光，以免因副作用而大量掉髮，不僅不衛生，也容易造成感染。我聽著這些陌生的名詞一一飛進腦袋，面對充滿未知的未來，心中既緊張又不安。

化療開始後，我就像回到嬰兒時期，很多事情都需要別人幫忙，還需要非常多的關注和照顧……爸爸幫我準備營養均衡的飯菜、媽媽幫我洗澡，還有，輪流來值夜班的妹妹和教會朋友，他們都只能睡在很難睡的伴床上陪我，讓我既感激又不捨。

其中，珮嘉是我在開平餐飲中餐專制組的學生（專制組的學生是經過選拔的，稱做「選手」，常會參加國內外的廚藝比賽）。我在她高二時認識了她。她的個頭小小的，國中時是柔道校隊，但留著一頭長髮，長得非常甜美秀氣，個性卻很阿莎力。我向她傳福音，她也接受耶穌基督成為生命的救主。雖然是師生，但她就像我的小妹妹。一路看著她成長改變，卻沒想到在她畢業前夕，我進了醫院。

那晚九點，她排班來病房照顧我，我虛弱地躺在床上，向她微笑。這小女孩只是直挺挺地坐在伴床上，要我休息，別說話。

半夜翻身醒來，發現她還是在旁邊直挺挺地坐著，眼睛一直盯著我……

「珮嘉，妳怎麼不睡，睡一下啦！我有需要會叫妳的。」

「沒關係啦！」她向我微笑。

凌晨，我起來上廁所，她馬上過來攙扶我。她果然還是醒著……

「妳為什麼不睡覺呢？這樣對身體不好喔！」我說。

「老師，妳……怎麼可以……生病……**上帝怎麼這樣……**」她說著說著便哭了起來。看著眼前這個美麗的孩子，我的眼淚也無法克制地流了出來。

「我也不知道為什麼會生病，但是我知道上帝很愛我，會幫助我，妳不要傷心！」

「……上帝怎麼這樣……」她說。

「很多事情我們都沒辦法知道為什麼，但我們可以做的，就是選擇**繼續相信！**妳要為我禱告喔！」我摸摸她的頭。

「嗯……」我遞了面紙給她，自己也擤一下鼻涕。

「那我們都不要哭了，我想要勇敢地迎戰，好嗎？」說完，我們相視而笑。

另一晚，教會中的一個大學生大維來照顧我。他長得很高，肩膀也寬，窩在那小小的伴床上，只能側睡，而且還要屈膝縮著……我見狀覺得不妥，請他再向護理站要一床棉被，讓他打地鋪，可能會好睡一點。那天深夜，隔壁床的老爺爺病況危急，急救了一整夜，急救的場子就像戰場一般，有各種聲音和各方燈光，隔著薄薄的布簾，這要怎麼睡……大維坐在地板上，把下巴放在我的病床上，擔心又疲倦地看著我：「瑋萍姊，妳辛苦了。」

「我也是第一次遇見這種情況……你也辛苦了，謝謝你來顧我。」我向他苦笑。「既然可能還要醒著一陣子，那我們就躺著禱告吧，說不定有恩典就睡著了。」

排班來照顧我的弟兄姐妹與爸爸輪班，白天就靜靜地坐在伴床上看書或上網。他們都被交代不可以一直跟我聊天，要讓我休息。深夜時段，大家則與妹妹輪班。我真的覺得很抱歉，讓大家辛苦了，所以我告訴自己：要調整情緒，讓自己可以快快聽、慢慢說、慢慢動怒。

我想是上帝的幫助吧！在入院初期，情緒非常緊繃的時刻，因為生命中有那麼多愛的力量，充滿彈性，消化了我很多壓力和負面情緒。「好的開始，是成功的一半！」嗯！感謝主，我總是可以感恩。

藥水透過點滴一點一滴流進身體裡，有各種鮮豔的顏色：桃紅、淺黃或深藍，我就像是被瘋狂科學家抓來做「人體實驗」一樣，感覺很奇妙！我原先絕少生病，對各種事情總是充滿好奇，精力永遠用不完，但這些「怪力」一天天消失了，被叛變的免疫系統和來幫忙的凶狠藥物打得「咪咪茂卯」：狂吐、頭昏、胃痛、無力。

「現在是在演哪一齣呀?!」坦白說我有點生氣，卻又不知道該向誰發作。

想起大學時期，瘋狂愛上表演藝術的我，曾參與許多舞臺劇幕前幕後的工作，也因為我的諧星性格，總是一不小心就開始搞笑，常常被導演唸：「妳不要把我的戲都演成喜劇好不好？」

在教會，我也參加了劇團，有次挑戰新角色——生病的虛弱媽媽。排戲時，我雖然努力調整說臺詞的語氣和速度，但舉手投足怎麼看都是「有氣力」的樣子，被大家笑到不行。連導演都無奈地說：「妳看起來實在好強壯、好健康喔！」當時大家都笑了，我也跟著一起哈哈大笑，覺得自己遇到瓶頸了，演不好病人。要演出年約四十五歲、個性內斂的虛弱媽媽，除了在聲音上要有所控制和調整，也要注意速度和斷句。這方面我還可以，但舉手投足我就不是很會拿捏了，既要注意體態，要有點駝背，腳步要慢，但又不能像老婆婆或跛腳那樣慢；還要考慮走路的時間會不會太久，讓戲太拖了。有時好不容易順利講完臺詞，要轉身從A點走到B點，雖然心中一直提醒自己要慢慢走，但身體卻很自然地「俐落」轉身後再開始慢慢走，大家都笑了……

真沒有想到，從前因為太健康、太俐落而演不好角色的我，在人生的大舞臺上，竟然要演出血癌病患……

「這角色我演得來嗎？」我心中有無數個問號。

一連串的事情發生得太快，來不及消化和整理，情緒持續在心中發酵著……但為了不讓身邊的人擔心，我只好用「意志力」呼喚「抑制力」，有時候都懷疑自己什麼時候會真的大哭一場……

我跟自己說：既然得到這個角色，就把它演好吧！腦中閃過許多曾在電視、電影中看到的相關片段，想像出自己大概會遇到什麼事、變成什麼樣子，有些心理準備；至於接下來要剃頭，一向愛搞笑的我又給自己安排了一個角色：**就當作收到兵單，要去當兵吧！**

據當過兵的朋友分享，當兵除了出操、打靶，還要接受怎麼坐和怎麼站的訓練課。這麼看來我也是，我的出操呢，就是去醫院的每個單位做檢查或會診；我的打靶呢，是我什麼都不用做，乖乖不要亂動，當靶讓護理師們打針、抽血（希望護理師們都要打中呀，不要讓我受太多苦）；我最主要的訓練課，就是「躺著課」啦

（在病床上休息或打化療都是躺著，照X光也是躺著，照超音波還是躺著）！哈哈哈！還有胃痛或是哪裡不舒服的時候，就是「忍耐課」了。

腦中閃過這些當兵的「行程表」，心情好像就輕鬆了點。「啊不就是一邊當兵，一邊出征。好啦！萬王之王、萬主之主的神呀，麻煩祢了……」心裡忍不住哼起歌來：「我現在要出征～我現在要出征～」加油！

最潮的髮型

化療過程中，我開始瘋狂掉髮。面對枕頭上的頭毛們，雖然想要假裝沒看見，卻一直被護理師碎碎唸……但我很「滿陪」（賴皮），始終不為所動，直到第二個療程，才終於下定決心，情商莊大衛美髮沙龍的紅牌——宇嵐老師，來幫我剃頭。

她的個性有趣又直率，記得以前我每次問她：「這次要幫我弄什麼髮型？」她總是豪爽又頑皮地說：「剃光頭啦！」哈哈，沒想到玩笑開久了就成真了，今天我就獻上我的光頭初體驗給她！

宇嵐帶著工具，來到我的病床前，擺好椅子、鋪好地墊，為我圍上圍巾，準備剃頭。在寧靜的病房中，只有電動理髮器發出的低吟聲，在我頭上游移。

哪個女生不愛美呢？雖然我很能接受前衛的髮型（大學時挑染過綠色、也燙過米粉頭），但我從來沒有想過要剪三分頭或是剃大光頭……

看著髮絲一綹一綹落下，每一撮都宣告著我的抗病戰役正式開始，前方每一步都是未知……好強的我忍住眼淚，我想當時我的表情一定很猙獰，明明略帶哽咽，卻還是憋著，裝作若無其事地和宇嵐說笑；反抗著、掙扎著，就是不想要哭喪著臉。

宇嵐離開後，我回到病床，情緒終於到達臨界點，眼中的淚水瘋狂地湧出……這一個月的所有事來得又快又急，就像走在曠野中，忽然下起滂沱大雨，我拚了命想逃，卻無處可躲……此刻我已經跑累了，蹲坐在雨中哭泣，等待雨停；等待太陽出來，把我的衣服曬乾；期待，有地方可以休息；期待，我能快點繼續啟程走向夢想。在淚眼婆娑中，我試著禱告讓自己平靜，但面對我最信賴的耶穌，卻一句話也講不出來，只能用眼淚向神表達我所有的委屈，向祂坦承我心中的恐懼……

「咦……主呀，祢曾說過的新的軍裝，就是現在穿嗎？……」我忽然明白過來。這套軍裝呀，真的是穿在**心裡面**的！

過去我穿的軍裝是要出去闖、出去給，把年輕人從各式各樣的枷鎖和困境中帶出來；**而這套新軍裝，不是要去給，乃是要領受神的恩典，好面對疾病，和過程中的磨難**。

眼淚流盡，心情也平靜許多，於是又恢復了鬥志！站在鏡子前，想著新軍裝、看著新造型——三分頭的自己。雖然臉看起來很圓，但還滿有巾幗英雄的樣子嘛！我被自己的想法逗笑了。感謝主，這個造型滿潮的！

「那麼，要上戰場囉！」看著自己眉宇和眼神間的堅定，我意氣風發地笑著。

因為我們成了一臺戲，給世人和天使觀看

人在一生中會扮演很多正式和非正式的角色，可能是每個成長階段、環境、情況和職業交織出來的。每個角色都在延展我們的生命價值，每個角色都是我們經歷人生酸甜苦辣的一部分！生命經驗的累積會成為我們的智慧，但有的則會變成自己的固執和驕傲。唯有「謙卑」才能使我們更擴展、被調整、被更新、被充滿。

現在我是血癌病人，要乖乖接受治療和檢查，但我不要我的「接受」是認命，

對我而言，這是**挪出更大的空間**，**來學習全新的、不同的生活方式**。

回想幾天前，教會的巽正牧師來探訪我，叮嚀我要好好放下工作，讓自己可以沉澱心情，面對真實的自己，**不需要每天要求自己精神奕奕**，**笑臉迎人**；**停止「服務」**，**好好的「領受」和「接收」大家對我的好**。這段話，現在在我的心中亮了起來。過去，我心中總是因著有機會「給」和「付出」而感到滿足和驕傲，但似乎也因此，漸漸成為一臺不停運轉，卻不願意停下來維修、換新零件的機器。我想我必須調整自己的心態，才能勇敢迎戰！

演一齣沒有劇本、情節也無法事先確定的戲很難，但我禱告，請求上帝讓我演出祂的初衷，演出生命的精彩。劇情的起承轉合雖然未知，但祂安排的戲絕對高潮迭起、驚喜不斷，並且溫馨感人！對於接下來的治療，說不緊張是騙人的，但我期待自己**能夠用力也能夠放鬆**，像在游我最愛的仰式一樣：躺在水面上，用力將腰桿挺直，才能輕鬆浮起；然後順著浮力擺動雙手，就能前進！更可以敞著臉，享受陽光。看著藍天白雲，就看見了對未來的盼望。

想起國內一位資深的喜劇演員曾說：「表演是生命的詮釋……快樂的背後，並不全然只有快樂，還有經過悲傷淬煉之後的淡定與寧靜。」電影《美麗人生》中，那位將被納粹處死的父親，知道自己的兒子躲在角落偷偷看著他，為了不讓兒子擔心，這位父親做著有趣的踏步、手舞足蹈，只是想讓兒子開心。願我在這齣戲的演出中，一方面能夠帶給眾人歡樂，讓大家想笑；另一方面，也在眼淚和苦痛中，淬煉出自己生命的力量。

第二章
與針頭、藥物為伍的日子

就是在患難中，也是歡歡喜喜的

God is love and love never fails.

入院初期，早晨醒來觸目所及的不是熟悉的景物，總覺得很奇怪，每天都會噁心地玩一下昏迷或是失憶的老梗：「我怎麼會在這裡？」或是「這裡是哪裡？我是誰？」但是相信我，玩了一個禮拜就不想玩了，只覺得更不耐煩……

化療讓我渾身不舒服，身體和精神每天會怎麼樣都很難預測。這些顏色鮮豔的化療藥水真是威力強大，很快的，我的體力越來越差，連走路都不太有力氣，整個人也昏昏沉沉，總是要面對莫名的胃痛和噁心感……

過去，我從來不曾這麼虛弱過，總是強壯地飛來闖去。只能說我很有本錢啦！看著自己結實的壯腿，還有很多肉的翹臀：「食欲不好沒關係啦！一定會慢慢恢復的。」我對自己這麼說。

就算時常昏昏沉沉，也要提醒自己不要一直睡覺，要找點事做，以免白天睡太多，造成晚上失眠。望著大窗戶外的臺北城，望著藍天白雲，我跟上帝說：「好難過喔！街上的人是那麼的自由，我卻必須留在這裡……」要面對現實，同時又要保持正面積極的心態，真的需要練習。

白天有好多獨處的時間，一開始真的很不習慣，過慣了忙碌和吵鬧的生活，現在一切突然靜止下來，我的腦袋卻還跟不上狀況，不斷「瞎忙」著：想未完成的工作、擔心自己是否造成了大家的麻煩、觀察醫院的環境、感受自己急速變化的身體狀況……許多事情在我腦袋裡繞呀繞的。

晚上不好好睡，就不能好好長健康的新血球。徬徨、難熬的失眠夜，除了常抱著自己隱隱作痛的胃嘆息，有時還會被隔壁病友吵醒。漫漫長夜，睡覺對我而言不再是徹底的放鬆和享受，我總是期盼晨光的到來。一開始，睡不著真的會很慌張，甚至生氣，但幾次下來，我發現焦慮和擔憂對病情毫無幫助，會更難睡，於是我意識到自己需要靜下心來，不是壓抑情緒，而是與這些情緒共處。

在黑夜中，許多回憶湧上心頭，許多想念的人一一浮現；自己真實的情緒在壓抑了一整天後，終於有機會出場表演。強慣了、忙慣了，時常刻意忽略自己的感受。**過去，我用所學的東西打天下，像游擊隊，衝鋒陷陣；而現在的軍裝、武器是內在的，用信念和禱告來打，像是回總部當內勤，要學會調度、規畫。**同樣的是，神的同在和恩典，我也要用一樣的熱血和真誠來回應。

這必是場美好的仗！

醒著時，除了上網，我開始大量地閱讀聖經，慢慢地讀，慢慢地想和消化。雖然聖經裡找不到「為什麼是我得血癌？」的原因，但神的話語著實是我消沉時提振的力量和牽引。

曾經有位不認識的熱心弟兄來探訪我，劈頭就問我有沒有讀聖經，分享一下感想。雖然我覺得有點怪，但基於禮貌，還是大概回應一下；沒想到他繼續追問我有沒有好好禱告，有沒有問問神是不是有什麼隱藏的罪，才導致我的疾病……這下子我真的被惹毛了！

「你的意思是，我也許做錯了什麼，所以神才處罰我，讓我得血癌？」我直接問。

「不是不是，我只是想說妳可以好好思想，向神悔改……」他緊張地說。

「你真的好奇怪喔，你又不認識我，劈頭就跟我說這些，好像生病是我的錯，我認識的神不是這樣耶……」我真的生氣了。

「……沒關係沒關係，那我們一起來禱告……」他吞吞吐吐地說。

「我看是不用了。」我不客氣地說，請他離開。

唉！生病已經夠煩了，怎麼會有這樣熱心卻阿達的弟兄來跟我說這些話呢？他說的不完全是錯的，有些疾病的發生是因為罪的緣故，有些是因為生活習慣或意外，但有些可能是沒有原因的。我之所以生氣，是因為他狹隘的「指教」，好像試著引導我相信：天父是嚴厲的、可怕的，而不是愛人的。就算我真的做錯了什麼，神會自己啟示我，怎麼會是把我框在恐懼的圈圈裡懲罰我咧？

也許我的反應真的大了點，但我需要捍衛我所相信的。聖經上說「神是良善的神」（God is a Good God.）。雖然不明白「Why Me?」但人一生的年日，在上帝的「永恆」裡，真的是滄海一粟；何況我的人生也還沒走完，**現在還有許多事情不能明白，又有什麼關係？只要我有一位永遠不失敗的「靠山」，就夠了。**

「God is love and love never fails.」

好了，不要生氣了，我要繼續當諧星！諧星的本質並非瘋瘋癲癲，而是真有喜樂和堅定的心，才能散發出真正的幽默。

唯一的希望：骨髓移植

因為我的染色體有兩對天生變異，因此需要進行骨髓移植，才能恢復正常的造血功能，這需要血液配對。但是，目前都還找不到適合的人選。

一般而言，希望最大的是有血緣關係的人，但我身邊的人之中，妹妹的不適合，媽媽幾年前曾經罹患大腸癌，暫不考慮當捐贈者，只有爸爸的勉強符合一半；全臺灣和世界各地也都找了，但都還沒有好消息。我不禁覺得自己怎麼那麼衰，化療療程四次就結束了，但是接下來呢？……我才不要一輩子都靠化療撐下去咧！未來究竟會如何？好友花蕊在禱告後安慰我，就算配不到，耶穌也會親自成為我的骨髓！

我在憂愁、等待中，想起聖經詩篇二十三篇中大衛的詩：「我雖行過死蔭的幽谷，卻不遭害。」Yes! 真理再次給我一個選項，提醒我要信靠。信靠耶穌，就與天父上帝產生了連結，使我們成為神的兒女。不僅有永恆的生命在我們裡面，更有兒女的身分可以繼承天父豐盛的產業！就算什麼也不能做，只能躺在「死蔭幽谷」的絕境中，但我依舊有天父愛的保衛！

病中「壞」夥伴

血液科病人，最重要但也最討厭的夥伴就是——針頭。為了治療，我需要與各式不同的針頭交手……

幾乎每天都要抽血（痛痛！），又因打點滴的需要，要打軟針在手上（痛痛！），每週要重打一次；然後，為了保護血管（化療藥水刺激性比較強，手上的血管承受不住），我裝了靜脈導管（痛痛痛痛！），一個月還要換一次！最後還是耐不住，就開刀裝人工血管（痛痛痛！）。人工血管可以永久使用，只需每週換胸口的針（痛！），這樣打起化療來也不會痛了，只是要小心感染，感染的話得整副開刀拆掉。

上面這些敘述，是不是已經讓人頭皮發麻啊？更恐怖的還在後頭！打在背上的，用來抽骨髓血和腦脊髓液的針，是我的疼痛排行榜第一名！（痛痛痛痛痛痛！怕怕怕怕怕怕！）

醫院有一個很有趣的疼痛指數量表，用臉部表情的插畫，搭配數字來表達疼痛的程度，數字從一到十，十是最痛。這是用來讓醫療人員了解病人的疼痛程度。我第一次看的時候覺得好新奇喔！於是想到自己做一個自創的打針疼痛指數表！

「就是在患難中，也是歡歡喜喜的」（羅馬書五章）

為了確認我身體裡的癌細胞有沒有被控制住，除了骨髓穿刺，另外還有一項例行公事，就是定期的腦脊髓液檢查。腦脊髓液是在腦殼中保護腦的液體，這項檢查的目的，是要確認癌細胞有無入侵腦部。

我側躺弓背，像蝦子那樣，讓醫生「摸骨」，選一個他覺得不錯的骨縫，用針筒從我的脊椎骨骨縫中抽出腦脊髓液，檢驗腦部是否受感染，並打入藥水做預防

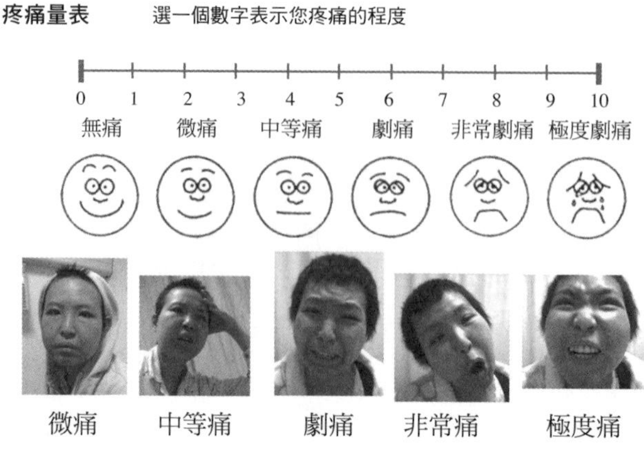

性治療。接著，我需要連躺八小時，讓被抽出的腦脊髓液重新分泌出來，使腦壓可以恢復正常。過程中不可以弓腳和翻身，就像昆蟲標本一樣被釘在床上，如果不乖乖躺平，就會有頭痛的後遺症。

我覺得自己好像在錄日本綜藝節目《黃金傳說》一樣，進行著極限大挑戰。節目標題可能是：「連續模仿昆蟲標本八小時！」或是「『病床島』求生」。

在這八小時中，我就只能躺在病床這座「小島」上，而且只能躺著，小心翼翼地在不噎死也不嗆死的狀況下，喝水、吃飯；想小號、大號，都要請妹妹小心地把扁扁的塑膠便盆緊壓著床墊，壓出一點空隙後，再慢慢「喬」到屁股下……又因為害怕睡著會無意識地弓腳翻身，雖然很疲累，但我努力保持清醒。但最後兩小時，我竟然睡著了！無意識中伸了伸腳想翻身，馬上被自己的動作驚醒。急忙請妹妹看時間，好險已過了八小時。

感謝耶穌，順利躺完！然而隔天還有骨髓穿刺等著我……

「吃苦當作吃補」一向是我的座右銘，但我從來沒有想過得在病床上學習這句話的真諦。就算我很能忍痛，但我真的不喜歡一天到晚打針的生活……不過，轉念一想：就算不是病人，每個人在生命中也都要面對各式各樣的環境和挑戰，沒有生病未必就過得比較輕鬆，但都能學著幽默以對。

每天一早都要抽血，我就幫這些檢驗師取名為「蚊子大隊」，期望有比較會「吸」的「蚊子」來，不要戳我好幾次；照X光時，就要提醒肺呀、胃和腸記得笑一個；做心臟超音波最好玩，心臟會發出「咕依～咕依」的聲音，聽起來很萌，我都要笑出來了！

而且，生活中也還是有很多令人歡喜的事呀！

每個星期二有紙黏土教室，這是我最興奮的時間。小時候，我就上過畫畫課、陶土課，在美術比賽中也時常有好成績。住院時還可以玩紙黏土，是多麼令人高興的事情！「學習」真的可以為人帶來一些希望和前進的力量！

每次，老師會先把當天的成品展示給我們看，然後教大家按著步驟，把不同顏色的樹脂土捏成需要的形狀，組合成作品。每個人的作品因為手感和組合的不同，都是獨一無二的。最後，老師會叫大家把作品擺在一起照相，這是在枯燥治療中的一大樂趣。

在生病的日子裡，除了好好照顧自己，我真的沒有什麼能夠掌握的。但每週的紙黏土課，我可以用手決定自己的作品想要的表情和動作，讓我心裡面的失落，多多少少減輕了些。

老師常教我們捏的主題，不外乎是各類動植物，但我發現一件好有趣的事：爸爸、媽媽和妹妹來陪我上紙黏土課時，他們參與的那幾堂課程，剛好都是捏「豬」！哈哈哈，真是太好笑了，我們是小豬家庭！

在一個小時左右的黏土課中，可以見到不同的病友和家屬，老師和志工也會邊捏邊關心我們的近況，讓大家可以彼此交流鼓勵。**紙黏土教室是一個讓我感覺自己「活著」的地方。當我捏著黏土時，我會把自己對康復的期望捏進去；把我的難過和眼淚捏進去；把我對神、對人的感謝捏進去**……每一個作品，都訴說著我當時的心情。

另外，生病以前，珍珠奶茶是我三天兩頭就要來一杯的飲料，最喜歡那種QQ甜甜、滑順潤口的感覺，還有淡淡的茶香。可是生病後，我得注意飲食，不能喝到生水或未經熱水消毒的器具做出來的飲料……更何況冷飲店的冰塊，完全無法確認品質。因為化療的副作用，我的嘴裡常常苦苦澀澀的，更是想念珍珠奶茶的好滋味。於是我厚臉皮的情商家中開飲料店的教會朋友，可愛的姊妹花佳玉、佳琪幫我準備一杯「安全」的珍珠奶茶！

她們為我用熱水先消毒全部器具，每個過程都小心翼翼，最後用罐裝牛奶營養品特調珍珠奶茶，而且新鮮外送喔！躺在病床上，滿足的嚼著珍珠，**甜甜濃濃的滋味，是樂福（Love）口味的！**一口一口喝著，覺得自己好幸福！

恩典祝福滿滿——巨星降臨！

每個晚上，看見妹妹以及排班來當看護的弟兄姐妹睡在不太好睡的伴床上，我總是既感恩又心酸。以前我超級不喜歡麻煩別人，現在我好像怎麼還都還不起！對於愛我的家人和朋友，我有很深的捨不得。但在禱告中我明白，愛就是願意為所愛的人犧牲和付出，並不要求回報。就像基督耶穌在我們還不認識祂、接受祂之前就為我們死，等待我們明白過來、受洗的那一天，我們就進入祂永恆的生命中，領受和享受豐盛的恩典，所以我的心真的充滿感恩。

某個週六下午，妹妹幫我接了一通電話。這是一通讓人難以想像，卻又無比興奮的電話。妹妹掛上電話後，興奮地對我說：「姊姊，等一下光哥要帶腓力牧師來看妳！」

「真的假的！腓力牧師!!」我的下巴都要掉下來了！

腓力牧師在基督教界就像個大明星，幾年前，他來過臺灣，舉辦好幾場千人醫治佈道會，在每一場大會中皆擔任工作人員的我，親眼見到瞎眼看見、瘸腿行走、耳聾聽見、憂鬱症的得醫治……這一切的發生，都因為聖經上說「耶穌能醫治」！腓力牧師本人散發著特別的氣質，更是幽默、親切的牧者，在後臺或講員休息室遇見他，他都會停下來跟我們聊一聊。可以參與這樣的聚會並認識腓力牧師，是很榮幸的事，沒想到他要來看我！

十分鐘後，病房的門開了。腓力牧師、巽光牧師與他美麗的妻子璽恩緩緩走向我。我的心裡頓時充滿了感動！想起入院以來的三週，那麼多愛我、關心我的人為我禱告，也付諸行動來照顧我，幫助我的家庭，如今竟然連腓力牧師都來看我。

「妳好嗎？」腓力牧師問。

「欸……」我忍住內心的激動，淘氣地歪頭苦笑。

巽光牧師和璽恩唱起了〈奇異恩典〉，哇塞，青年牧區的區牧長和流行音樂界的歌手在為我唱詩歌耶……腓力牧師也加入他們。病房中迴盪著溫柔又充滿力量、深入人心的歌聲，我的眼淚就像開了的水龍頭似的完全止不住。在詩歌中，腓力牧師停下來，很溫柔地跟我說：「妳放心，會好起來的；妳很棒，耶穌陪妳走。」聽到這段話，我感到非常哀傷，卻又充滿力量！

最後，牧師們為我禱告。他們離開後，我縮在床上，方才的對話、他們誠摯的祝福、溫暖的眼神及聲音……好深好深的感動依然在心裡迴盪。雖然我沒有因此奇蹟似地康復，還是得按部就班進行治療，一樣要走這條未知的旅程，但我的心卻很真實地接收到從天堂捎來的信心和勇氣，讓我能面對這一切。

回頭看看也驚呆了的妹妹，忽然想起一件事。我問她：「剛才怎麼忘記要拍照？好可惜喔！」

妹妹一臉無奈的表情：「有呀！我有想到，但是……我不敢！」

「哈哈哈哈哈哈哈哈哈！」我們都笑了！

雖然忘了拍下現場實況，但那天的點點滴滴，卻永遠收藏在我心中那個永遠明亮的鏡頭裡。

另外，我還收到好多的卡片和簡訊祝福，也有一群弟兄姐妹排班當看護來支持我的家庭。不見得每個都和我有很深的交情，但是在主耶穌愛的大家庭裡，我感受到很多的愛和鼓勵。我過去曾經在教會的香柏牧區擔任幹事，服務許多長輩，這些長輩知道我生病後，不但在金錢上資助我，更有兩位老奶奶當代表來探訪我。看她們流著汗，吃力地慢慢走進我的病房，一進來就為我唱詩歌和禱告；看著她們的神情，我感受到好多愛。

臺大祈禱室有一位老弟兄也讓我印象深刻，他總是慢慢走到我的病床旁，教我唱詩歌，然後「跪著」為我禱告，我真是超級拍謝的！髓緣之友的關懷志工昀瑩，每週總會抽出一、兩天來親切問候，安慰、鼓勵我和照顧我的爸爸，並分享她自己身為罹癌過來人的經驗和資源。另外，閱讀希望基金會、臺灣癌症基金會的刊物，也陪伴我和家人度過這不容易的旅程，這些都讓我充滿感恩。我真覺得自己是「憑什麼姐」，都不知道自己憑什麼得到這麼多人的關愛！

病中「好」夥伴

住院期間，得到了許多人的關心，但最愛護我、為我付出最多的，無疑是我的家人。從小我就頗為獨立，但與家人的感情也滿好的。從國中開始，我卻漸漸不喜歡把事情跟家人分享，只想自己處理。他們看我也總是開開心心的樣子，就放心地讓我去飛。出社會後，我總是全心投入工作中，與家人的互動，隨著我的行程表越來越滿，也就越來越少，家人一天能見到我的時間常常不到一小時。但在化療的過程中，我卻重新獲得了跟家人好好相處的機會。

有時，虛弱地躺在床上，看著在一旁打盹的老爸，心裡很難受。捫心自問：我到底花了多少心力來愛我的爸媽？一天到晚往外跑，充滿熱情的投入教學與輔導工作，卻沒有好好地關心愛我、生養我、保護我的爸媽……我知道他們總是以我為榮，但我年輕有力的翅膀，是不是也常常使他們有點失落呢？還有，我親愛的妹妹，忽然要堅強起來照顧姊姊，就這樣被綁在病房裡，我更是不捨。

1號夥伴　爸爸

我爸爸簡直就像卡通《哆啦A夢》裡胖虎的真人版。身為胖虎的女兒，直到生病後，我才真的感受到，我跟爸爸的脾氣有多像……初相處時，他給人的感覺是個真性情的「火爆公道哥」，但他其實是很溫柔的。從小，我就可以深深感受到他對我的疼愛和保護，但很多時候，我也被他「自以為公道」的言論惹得火冒三丈……

他常常東張西望，觀察身邊的所有狀況：在安靜的餐廳，聽到有人大聲罵孩子，他就會馬上回頭行凶狠的注目禮；在安靜的捷運上或醫院裡，有人講話太大聲，他就會馬上回頭惡狠狠地瞪過去。不只很容易被「cue」，他也會自己找「案件」來處理，每當看見有人插隊、不守規矩時，他就會過去指揮……

以前跟好友莉莉訴苦時，她除了專心聽，以及偶爾安慰我外，最後總會笑嘻嘻地補上一句：「妳和妳爸很像呀！」剛開始聽到別人這麼說，我還滿震驚的，但透過病中的長時間相處，我越來越認識爸爸，也更認識了自己。我和爸爸不但長得像，而且脾氣都容易暴衝、愛恨分明、愛主持公道、喜歡搞笑。但我有在收斂脾氣啦！比他好一點點！

爸爸常與人起衝突，特別是有人冒犯到他所愛的家人時。有次我到醫院回診，門口有輛小黃差點不小心「威」到我，他馬上敲了對方的車窗，跟司機理論起來。我就在人來人往的醫院門口，看著爸爸與司機大聲對罵。「你嘎威ㄉㄧㄡˇ呀你災影摸!!」爸爸大聲咆哮。「阿丟人很多呀！你是在凶什麼？」計程車司機也被惹怒了。「你要打架是不是?!」然後就看到胖虎爸爸，跟高他一個頭的中年司機，兩人準備要開打了……

虛弱的我在人群中嚇呆了，超怕他們真的打起來，又不知如何是好，只好祭出放聲大哭這一招，想要吸引爸爸注意，並結束這場衝突。爸爸聽見了，馬上回過神，向司機咆哮一句：「你開車小心一點！」然後馬上跑過來安撫我，拍拍我的頭，溫柔地跟我說：「沒事了！沒事了！」我情緒仍然激動，對爸爸說：「爸爸你可不可以不要這樣子，我拜託你，生病已經很煩了！還要擔心你亂來……」

還有，如果與我同病房的病友、看護或家屬的生活習慣不好，他也會很直接地糾正對方，凶巴巴地過去烙話：「請你們小聲一點」「冰箱很臭，請你整理一下」等等。往往讓我很尷尬……

這卻也讓我不禁想起，過去少不更事的我，也曾經因為誤會主管的心意，為同事抱不平，而有些偏激的想法；甚至有一次因為誤會，在開會時大聲批評別組的同事，卻很糗地全被他們聽見了……好吧！我跟爸爸還真的滿像的！都會勇於為自己所重視的人、所執著的事站出來說話，對自己認為對的理念則一定捍衛到底……我們都很真性情！哈哈哈。

我很愛我的父親，感謝耶穌，讓他成為我們一家的守護！直到現在我仍記得，在我五歲那年的冬天，我為了要看清楚飯店外的噴水池，興奮地從溫暖的飯店內衝了出去，結果因為室內外溫差太大，我馬上就昏倒了……跟在後面的爸爸急忙將我抱起送醫；還有一年夏天，爸爸帶我們去游泳，一不小心，我玩到泳圈「翻船」了，兩腳在空中亂踢。鄰居姊姊看到，急忙呼救，爸爸則快速地游過來把我救起……不只是我，幾年前媽媽大腸癌治療的時候，也是他一肩扛下照顧的責任，讓我跟妹妹可以安心工作。因為事業不順，使爸爸提早退休，雖然他已經不是家裡的經濟支柱，卻仍舊是我們一家的精神支柱。他的真性情雖然伴隨著壞脾氣，但壞脾氣底下卻是顆善良、可靠的心。

2號夥伴 媽咪

我的媽咪是個「阿達活動姐」，活動力十足，但又有點少根筋。她熱愛各種藝文活動和電影欣賞，也很喜歡新鮮的事物！為了分擔家計，她八年前開始擔任飯店清潔員。工作雖然辛苦，但有空一定來幫我按摩和洗澡，讓我舒服一點。她雖然廚藝不佳，但切水果和煮咖啡是她的強項！

她同時還是個「撿點的女人」，就是熱愛收集便利商店點數換贈品啦！有一回，她在飯店門口看見一隻黑狗，叼著一個便利商店的咖啡杯，杯子上面還有點數。於是她不管三七二十一，追著黑狗說：「小黑，點數給我，杯子再還你！」小黑被她嚇到了，媽咪便撿起杯子、撕了點數，還跟小黑說：「杯子還你呀！」小黑當然一溜煙跑了。

她少根筋的性格常讓全家人啼笑皆非，有時我會生氣地唸她怎麼一直在玩，不好好休息，她就會用扁扁的聲音對我說：「不孝你（女）！」於是我也用扁扁的聲音回應她：「不肖媽！哩雄派（妳最壞）啦！」然後我們都笑了。

我上國中之前，她在大龍青少年服務中心當志工，我的一身才藝和喜愛大自然的個性，就是在那時培養出來的。我上過畫畫、紙黏土、書法、作文、鋼琴、舞蹈、溜冰的才藝班，並且從小就參加過各式各樣的夏令營、露營活動，也常去看展覽，還去過臺灣很多的步道、古道，做生態與古蹟的巡禮。

我好感謝媽咪給了我一個好豐盛的童年！讓我可以從小就在山林、海邊享受神美麗的創造，有好多美好的回憶。至今我仍清楚記得小學三年級時，媽咪帶我參加志工的郊遊，去到鼻頭角。當我們爬上綠油油的山頭時，眼前是一大片藍天和大海，我被當時的美景深深震撼了，好想要走進這片美景中，於是不管三七二十一邁開腳步衝下山坡，雖說是用「衝」的，但其實是邊滾邊衝，終於「滾」到了平坦的營地！我應該是在那天愛上大海的。

因著媽咪的帶領，我有機會去接觸很多新鮮的事物，也發掘出自己的潛能。隨著年齡增長，我不再那麼喜歡跟她去參加活動了，但我一直知道媽咪總是深愛著我。直到現在，她都還常常用「激進」的方式照顧我，幫我遞水、穿鞋子、搶著拿所有我想拿的東西、搶先做好我想做的事情……起初我真的好不習慣，有時還會有點生氣，因為用「搶」的，很容易有意外事件。（例如在飯桌上，她為了搶先幫我拿筷子，翻倒了水杯……）我想，「服務」就是媽咪表達愛的語言吧。我需要學習用一雙有翻譯功能的眼睛來看媽咪所有的「搶先」行為，才能用更溫柔的心回應她，感謝她為我所做的一切。

3號夥伴　妹妹

我的妹妹長得高䠷、秀氣又美麗，看起來也很文靜，與我的搞笑正好形成對比。

從小，她就一直默默觀察姊姊（也就是我）的所有愛現、受人矚目的花招。自從我生病後，她想要再次看見往日三八、快樂的諧星姊姊，而她內心的小沈玉琳，也就這樣不知不覺被激發了！鬼點子特多！在生病期間，她常常幫我做不同造型，我曾經被打扮成小白羊、白雪公主……，她還買了青蛙頭套給我戴，簡直就像個搞笑節目製作人一樣，而我就是來上節目的藝人，總是在她的安排策畫下，向周圍的人播出我的搞笑實況。

我們家的「食物鏈」是這樣的：爸爸、媽媽怕我，我怕妹妹，所以妹妹是我們家的天霸王！

她總是一副冷靜的樣子，從國中開始就長得比我高，很多人都會以為她是姊姊，所以以前我都笑她很「臭老」。但慢慢的我才發現，是我的問題，因為我的長相根本停留在小學時期，原來是我很奇怪！

我們相差兩歲，小時候我跟她並不很親密，因為我活在自己的世界裡，忙著擺pose、討每個人喜歡、接受所有人的誇獎。直到開始上學時，我發現自己有個和我看起來很不一樣的妹妹，媽媽總是幫她穿洋裝、裙子，梳兩條辮子，很女孩；而我則是可愛的褲裝，紮馬尾，很男孩。小時候不解，長大後才明白，我活動力那麼強，像身上長蟲一樣，每天總是這邊跑、那邊忙，穿褲裝和紮馬尾的確方便多了。

自從我生病開始，她自嘲自己簡直成了家裡的馴獸師，要管理和導正家裡的秩序，還得幫忙調停「胖嘟嘟二人組」（我和爸爸）為無聊的小事吵架鬧單飛，或是在「自由花揮二人組」（總是很自由的忘東忘西、糊里糊塗的爸爸和媽媽）狀況外的時候穩住局勢。也是在這種狀況下，我才深深地體會到：有妹妹真好！

她不只是我的妹妹，更是我最好的朋友。當我因病痛心情不好、傷心難過時，她都會想辦法轉移我的注意力、逗我開心，或是過來咬我、親我和抱我，我一邊覺得很討厭、一直掙扎，但又一邊覺得很好笑、深深感覺到自己被愛，然後就不難過了。

我真的好想好起來，可以用實際的行動回報愛我的家人。

終於「放假」了！

第二個療程結束時，我的三分頭變成了大光頭。因為化療的副作用，僅剩的一點點頭髮也全部掉光光了。

「哇靠～好光、好亮喔！」我拿著毛巾對著鏡子擦抹自己的光頭，忍不住驚嘆了起來。

「好險我的頭型不錯。」我得意的說。一旁的妹妹笑了出來。

「妳笑什麼笑呀？」我問。

「妳現在……好像……比丘尼……」妹妹憋著笑回答。

看看鏡子中的我，身穿草綠色的寬鬆睡衣，搭配光頭圓臉上的濃眉大眼，看起來莫名的有種「人很好」的感覺。

「真的耶！」我也忍不住笑了。

然而住院大部分仍是笑不出來的時候居多。一連住院五個月，我都快要發霉了！五個月的漫長時光幾乎使我失去耐心，常常大發脾氣。回想當初剛入院的我，病懨懨的，面對既多且急的改變，驚嚇和憂傷占滿我的心，所以現在我可以發脾氣，應該代表我已經住院住到「老油條」了吧！已經可以掌握醫院的生活作息，對於當護理師的「靶」這件苦差事，也都牙一咬就忍過去了；而且呀，現在如果遇到不是很會「打靶」的醫護人員，我還會不小心「嗔」人家。在紙黏土教室也開始發言了，可以給血液科菜鳥病患一些經驗分享和建議。我看，我就要現出原形了啦！哈哈哈！那個很急、愛管事、又沒耐心的瑋萍要出現了！

藥物的副作用讓我持續狂吐，只是現在，「臉盆接殺」這招絕技，全家人都練得很好了！我的胃似乎正在叛逆期，不歡迎任何食物入住。小心翼翼的享用爸爸為我烹調的愛心便當，但常在吃飯中或飯後大吐特吐！（使我無奈地想唱中國娃娃的歌曲：「大吐特吐停下來，安靜我的胃～」）只好禁食，改打營養針。但我瘋狂的身體至此仍照吐不誤，護理師很驚訝我竟然連高濃度的營養針也會過敏。止吐藥也不是很有效，使我非常沮喪。

嘔吐造成的不舒服也就算了，最難過的是我把爸爸的「愛」都吐出來了。

爸爸總是很認真地準備我的便當，他希望我吃得營養、也有好胃口，酸酸甜甜的紅燒旗魚豆腐、煎得酥脆的吻仔魚、吃得到很多番茄的番茄炒蛋、去皮雞腿燉香菇雞湯……不僅時常變換菜色，還很注意營養的均衡和美味。他知道菇類的多醣體對我有益，就用不同的菇做料理給我吃：炒洋菇、乾煎杏鮑菇裹蛋，還有水煮金針菇拌柴魚醬油和柴魚片……爸爸炒的飯，不油膩而且很「涮嘴」，每一口都有很多營養，每道我都好喜歡；在我食欲不振的時候，爸爸就熬粥給我吃，營養的紅蘿蔔或玉米蛋花蔬菜粥。

這麼用心又美味，不知耗費爸爸多少心思做出來的料理，都只能待在我的肚子裡一下下，教我怎麼不難過……

而媽咪則用她的一雙巧手，負責我吃的所有水果。她總是把蘋果、芭樂、梨子削好後，用開水沖過、切得漂漂亮亮，一盒一盒的請爸爸帶給我。

第三次化療前，終於放假了！可以回家好好休息！從六月住院到現在，已經是十一月了，很驚訝自己安然度過這些漫長又痛苦的日子了。

以前喜歡每天早晨來杯拿鐵，我很愛那種悠閒的感覺，喝完以後，就有活力開始一天充實的行程。但，這麼匆忙的住院，又一連兩次化療，哪有心情喝咖啡呀。想到週一就可以回家，治療也暫時告一段落，我的心情放鬆不少。於是我跟妹妹說：「我想喝咖啡……」妹妹說：「我也是！」我們就一起去買了咖啡，拿到病房的陽光室，悠閒的喝著，慶祝出院！

濃濃、微苦的拿鐵，伴著細細的奶泡滑入口中。我望著窗外的藍天，和玻璃窗上倒映出的自己，對自己說：「阿兵哥，這幾個月雖然一開始有嚇到，但，後來妳表現得很好，要繼續加油呀！」然後傻傻的笑了。

久違的熱拿鐵，是一個暫停的記號，也預備著下一回合的開始。

當天晚上，全家終於可以一起在餐桌前吃飯了，而且是「吃現場」的喔！爸爸開心地準備了一桌好菜，像辦桌一樣：鱈魚、青花菜、杏鮑菇……把我愛吃的全都一次上齊！還可以看現場的「好戲」：就是媽咪惹爸爸，爸爸生氣，然後妹妹再罵爸爸，爸爸再逗回去……而我就在旁邊呵呵笑，樂在其中。

另一天妹妹則預約了有名的麻辣鍋店，一家四口開開心心享受口中久違了的辣呼呼，以及久違的全家聚餐樂呼呼！想起生病前，自己的生活很忙碌，雖然也偶爾會和家人一起開心地吃飯，但在我得了血癌後，家人之間的感情反而更緊密了。這就是革命情感吧！

而我最想去的地方，是教會。我真的好想念大家，也想要當面謝謝大家為我禱告、在遠處持續關心著我。

大學時期因在佳音電臺打工，讓我有機會進到青年牧區。第一次參加聚會，我超傻眼，怎麼會有約五百個年輕人這麼high地拍手唱詩歌，然後唱到感動處，還高舉雙手，有的還流淚。其實當時我莫名地很感動，很想流淚，卻因不好意思，都有忍住。雖然高中就已接受耶穌，也去過教會，但之前參加的活動都比較「文靜」一點，這樣的場面讓我很震撼。

弟兄姐妹間熱情的問候，一開始也讓我覺得很彆扭，心想：我跟你很熟嗎？幹嘛對我這麼親切？現在回想起來覺得超好笑的，因為妹妹在剛去教會聚會的時候都戴口罩，後來我才知道，原來是她不想一直跟別人打招呼，總覺得不熟的人都對她笑瞇瞇，尷尬得不知怎麼回應……哈哈，我們還真奇怪，平常一副吃得開的樣子，對方主動示好時，反倒縮起來。但耶穌的愛就是這麼實在，而且扣人心弦，因此我也漸漸融入其中，越來越有安全感，自在起來！

一天，接近中午時，妹妹陪我去教會。從一樓警衛亭開始，戴著口罩的我貪婪地四處觀看，我的心情很澎湃，我不想錯過任何一張面孔，我想要很快的進入跟大家在一起的「fu」。我最喜歡的警衛王大哥看見我，開心地嚷嚷起來；到達一樓的電梯門才打開，我就被團團圍住，認識的不認識的大哥大姊，對我的出現驚奇不已，並紛紛給我祝福，我只能不斷的說謝謝！

「就是這個感覺，好被愛的感覺，**這是我的家！**」

淚水在眼眶打轉，主任牧師的祕書拉著我說：「走，我先帶妳去找周神助牧師，他一定很高興看到妳！」到了六樓辦公室，周牧師迎面走來，他是個個頭小小，且滿臉慈愛的長輩。「啊！妳出院啦！真是太好了！」接著給了我一個大大的擁抱。「我們都為妳禱告，加油！」辦公室其他的牧師和幹事們也都圍了過來，甚至五樓的幾位行政同工也聞訊上來。**我用眼睛當作相機，用力的對焦在每個人臉上，看清楚後就眨眼當作快門，把這一幕幕溫暖美好的畫面記錄在腦海中。**

最後終於回到四樓。進入熟悉的辦公室，見到牧師們，見到老戰友們，澎湃的心情達到了頂點。回到原先我的座位坐坐，對妹妹說：「呼，我真的好高興喔！」妹妹拿面紙給我擦眼淚，一直在眼眶中打轉的淚水終於忍不住流了下來。我對大家說：「我好想回到你們身邊，跟你們一起傳福音……」「會的！」佳音牧師溫柔的對我說：「別擔心！妳先好好治療，恢復起來！」那天中午，我很開心地跟以前的同事好姊妹們一起用餐，有種恍如隔世的感覺。

生病前，在教會的工作，忙起來還真忙，有時到了晚上八、九點工作才告一段落。天生「康樂股長」性格的我，總是吆喝著大家一起去吃宵夜、談談心，分享一下今天遇到的大小事，彼此鼓勵，也沉澱心情，為忙碌的一天畫上完美的句點。也曾約自己這一輩的弟兄姐妹，和一些大三、大四的弟弟妹妹們，浩浩蕩蕩快二十個人一起去釣蝦！聽說我生病後，就沒有人大張旗鼓約他們吃宵夜或是特別活動了！主呀！我要好起來，這樣我才可以回到我的團隊，發掘和培訓「小康樂股長」！

而我的大學同學花蕊，知道我最喜歡大海，就開車載著我和妹妹一起去北海岸兜風。

我和花蕊大學時就很要好，畢業後她前往德國讀書，我心疼她在那邊孤單一人，又喝不到珍珠奶茶，特別去迪化街買「紅心粉圓」，還準備了珍珠奶茶專用的大吸管一起寄給她。在封箱之際，我覺得好像少了什麼，就把一本全新的聖經放進去，希望她的心能因認識真神而不再孤單！結果親愛的花蕊，除了「掐牙」（威風）地在德國街頭用大吸管大喝珍珠奶茶，還真的開始讀聖經，認識真理，後來也相信耶穌了。

這些日子，她在假日時一定會來醫院看我，今天也義不容辭地帶我出遊。雖然已經進入秋天，空氣中還是瀰漫著夏天的感覺；坐在車中欣賞著海岸美景、吹著海風；聽著詩歌，我們三個人大聲唱了起來。謝謝耶穌！我真的好滿足！

第三章
讓人心碎的活命代價

不繼續走下去，怎麼知道往後還有什麼好事！

黑暗中的曙光：骨髓配對成功！

在治療初期，已檢驗出我有兩對染色體天生沒有長好，而在化療療程結束後，要降低復發的危險，最好的方法就是「骨髓移植」。從治療開始，姚醫師就為我積極地尋找合適的捐贈者，當時全世界都找過了，還是配不到，讓我很沮喪……

沒想到找了一圈，在最後一次化療結束之前，我在臺灣的骨髓資料庫配到了合適的捐贈者，而且有「兩位」！這個天大的好消息，讓我再一次經歷上帝的信實和恩典！若是在國外配到合適的骨髓，需要額外負擔捐贈者在國外的醫檢費，還有醫師的來回機票費，才能把捐贈的幹細胞帶回來，會是一筆不小的開銷……沒想到這麼剛好，在這個關鍵時刻，在臺灣配到了！我心裡很明白，在主裡沒有coincidence（巧合），只有GODcidence（神真巧）！

骨髓移植有自體移植和異體移植兩種，但我的病因是先天自己的染色體出了問題，所以並不適合自體移植，只能靠異體移植，用新的造血細胞取代我原本的舊細胞，來幫助我的造血系統恢復正常運作。

配到的骨髓是兩名臺灣年輕男性。在骨髓移植前，我必須接受高劑量化療，加上全身放射線治療，統稱「殲滅化療」！要把我的免疫機制降低。也就是說，**我將會成為一個預備要接受新血的殼**！而且因為這時特別虛弱，容易產生各種併發症，好恐怖！

捐贈者會在我進行移植前，做好身體檢查，然後會用一臺很厲害的機器，從捐贈者的血液裡濾出「幹細胞」，再把其他的血液送回捐贈者的體內。之後會經由輸血的方式，將捐贈者的幹細胞植入我的身體，所以以後我身體裡面流的就是年輕男性的血液！我的造血系統將會被捐贈者的取代，好像外星人電影！我是「宿主」，而「入侵者」的血液將會流動在我的體內。

醫師告訴我，除了血型會跟著捐贈者改變，也曾有案例是受贈者突然長出與捐贈者同位置的痣，或出現相同的特徵，甚至在個性上也會有些影響。當時我驚訝得下巴都要掉下來了！但妹妹卻很期待這樣的改變，因為她從小就想要有一位可靠的哥哥……**她開始異想天開地為我改名，來歡迎新哥哥的誕生**，而她幫我想的新名字，和原來的相差不遠，聽起來也真的很可靠，就叫做——**吳偉大**！

這週還換了化療的新藥，副作用讓我的腸胃非常不舒服，整個人也比較沒有精神，不過還不錯的就是有長肉了！這是為了骨髓移植做準備，因為到時「吐王」又會出現啦！接受移植後的一切都是未知，要看個人身體情況。經過評估，決定我的捐贈者是一名O型二十三歲的男生，所以血型不會改變。很感謝這位二十三歲的男孩願意捐贈骨髓，使我的生命能夠延續。

總會有一些人不經意的碰撞我們的人生，帶來傷害的，就讓它去吧；種下祝福的，就獻上極大的感恩！

最令人崩潰的消息

骨髓移植前，我又回到醫院。這次是來做健康檢查，確定身體各項機能是否正常。為了做這些檢查，我足足被抽了十五管的血，回病房後，醫生又用大針筒抽了快半滿，真的抽很多耶！還真是「滿足」了我一直想捐血的心願呀！身體好奇妙，醫學也很厲害，這樣就可以做很多的檢查了。除了斷層掃描，接下來會有很多科醫師來會診，姚醫師也跟我提了一下是否要保存卵子的事情。

因為接下來要做骨髓移植，需要接受高劑量的藥物治療，卵巢會纖維化，造成早發性停經，提早進入更年期，也會因此無法生育，所以要請婦產科醫師幫我先做檢查，評估是否可以先「凍卵」。好緊張喔！雖然我年過三十，單身未婚，但實在很喜歡小孩，也一直期盼能有自己的baby，走到今天這一步是我怎麼樣都想不到的。

婦科的檢查一如想像中的恐怖且令人不舒服，但更令我晴天霹靂的是，我的卵巢早已纖維化了！長期注射的化療藥物已經破壞了我的生理機制，連考慮取出卵子加以冷凍的機會都沒了……「什麼跟什麼嘛！上帝祢怎麼可以這樣對我！」我的心裡空蕩蕩的，好像被判了死刑一樣，這比之前痛苦的治療過程還要震撼我的心！

「我還有資格談戀愛、還有資格嫁人嗎？」「誰會想娶一個不能生育的女人？就算要娶，也會害男方鬧家庭革命吧？」「我的爸爸、媽媽不能抱孫子了……」「真的不能生個小瑋萍了嗎？……」

一連串的問題瞬間跳出我的腦海，每個問題都像在我心上開了一槍……我是那麼期待要遇見一個特別的人，兩人攜手走一生；我是那麼期待與真心所愛的人共組家庭，教養我們的下一代；我是那麼期待與我的丈夫一起服事上帝，一起實現夢想……這些我編織的美夢都將因我不能生育而失去希望……

走出診療室的幾步路，我花了好大的力氣壓下自己極深的心痛，因為我知道一出去就會看見爸爸了，我真的不想在他的面前哭，我沒有辦法允許自己讓父親因為我這麼難過而傷心、擔心。「好險有口罩……」我心裡默想：「只要不對到眼就好了……」

走出診療室的那一刻，我快速的走到爸爸身旁，勾起他的手，故作輕鬆地說：「來不及凍卵子了，卵巢已經纖維化了……」爸爸回答我：「沒關係……」我們就這樣一路靜默地回到病房。我背對著爸爸，告訴他我想睡一下，快速地縮進被窩裡，此時我的眼淚已經滾滾而下。我想，爸爸知道我難過，卻不知道該怎麼安慰我吧。他要我好好休息，他先回去，晚上再幫我送晚餐。他離開後，我崩潰大哭了起來。

「上帝呀！我該怎麼接受這件事情，我不會呀！我做不到呀……」我的心好痛。面對生病，無論多麼不舒服，我知道只要好好治療，都還有機會；但面對無法生育這件事，卻是我連選都沒得選，直接就告訴我，我已經失去資格了……

一個多小時後，眼淚漸漸停了，起身整理儀容後回到床上，我真的很受不了自己的ㄍㄧㄥ，但我更無法接受這麼軟弱的自己……

隔天，姚醫師來巡房，為骨髓移植前的檢查作總結。他表示一切都很好，就好好預備，等著進移植室。我腫著雙眼，看著姚醫師，故作鎮定地說：「婦科檢查結果說，我的卵巢早就纖維化了……嗯，我還滿難過的，原來化療也會造成這樣的後遺症呀……」我幾乎又要哭了。

姚醫師收起微笑，認真地對我說：「留得青山在，不怕沒柴燒呀。**這雖是讓妳難過的活命代價，但只要妳還可以活著，就都可以繼續盼望呀……**」

「嗯！」我向姚醫師點點頭，淚水在眼眶中打轉。好大的活命代價……我還沒有想好要怎麼接受這個殘酷的事實……動用所有我過去輔導的經驗，努力的想安撫自己的傷心，例如：「這樣就可以無牽無掛地去宣教了！」「乾脆就不要嫁了，這樣也可以好好照顧爸媽呀！」但怎麼想，都無法找到一個最無懈可擊的說法……

心情down到谷底，低沉了好幾天，也無法禱告，因為我真的不知道要禱告什麼……在安靜中，我想通了。面對無法生育這件事，我實在無法靠自己的意志力跨越。最好的辦法，就是把這件事情先打包，交給上帝。也許你會好奇地想問：「吳瑋萍，妳不埋怨上帝嗎？」對呀！我真的埋怨不下去……不論是過去儲存在我記憶中的聖經內容，或是所有發生在我生命中的奇妙恩典，都讓我選擇對祂深信不疑。

即使，在這麼心碎的時刻；就算在祢面前，縮著身子背對祢，我都不會走開，因為我相信祢也永遠不會撇下我走開。

一度失散的都來相聚

進移植室前，打開好久沒用的電腦，發現留言板上有很多為我加油打氣的留言。很奇妙的，因為生病的機緣，忽然有好多機會與老朋友見面或聯絡，讓我倍感溫馨。好久不見的國中同學們相約來探望我，心裡既感溫暖又十分有趣，大家都長大了！想當初我們都才十五歲，有很多「阿達」和幼稚的回憶，多年以後竟然在這樣的機緣之下重聚，真是不可思議。

去看牙醫的時候，竟也巧遇我在真理大學英文系最好的朋友！我們失聯了好一段日子，她都結婚懷寶寶了！還有在世新大學畢業後遠嫁澳洲的好友，最近也聯絡上了。並且得知靜修的同學們，也都關心著我的情況。網路真厲害，一度失去的朋友全都在這段期間聯絡上了。看著他們留言為我加油，平凡無奇的字裡行間，可以感受到無聲卻真摯的關懷；看著老友們心疼和關心的眼神，傳遞著滿滿的愛，這些都讓我沮喪的心情平穩許多。

我終於明白，在病痛中的人，想講什麼卻也不想講什麼的心情；還有病人旁邊的親朋好友，想要問什麼卻也不知該問什麼的心情……**言語無法完全傳遞的情感，卻還是透過心與心的連結顯露出來**。

小時候，我幼稚又愛面子，常常自己在心裡偷偷和別人比較，那時的自己既沒自信又驕傲。信主後，反而會擔心老朋友們不知道還會不會那樣看我。加上我的生活總是排得滿滿的，在教會工作後更是如此；雖然很感恩在不同的階段和領域中，結交了很多很好的朋友，但也因為成長和生活的重心移轉，不常花時間精神重溫過去美好的友誼。雖然明白對於身邊人事物的變遷，不可能面面俱到地全都掌握住，但這些重逢讓我深深感受到：時間淬煉出來的友誼是多麼真摯動人。

時空不斷將曾經交會過的人事拉遠，但是生命中真摯的愛和友情可以將我們的心拉近；就算過去曾有什麼誤會或不愉快，都已雲淡風輕，就好像被時間撫平了皺紋，終將成為我們可以津津樂道的往事。

神豐盛的祝福不僅於此，還有好多好多我帶的學生也都支持著我，鼓勵著我！在病痛中，雖然時常感到孤單，但靜心思想，就會發現自己超級幸福！

別再說沒有感覺到愛了，敞開你的心，你會發現**生命本身就是愛**！其實我們沒有自己以為的那麼孤單、那麼無助，無論多麼徬徨無依的時刻，總會有出口的！不要輕易放棄，只要你願意，上帝會親自讓你明白。

病中美事：媽媽受洗了！

我總是很忙，待在家的時間很少，有時候會很難過：我傳福音給很多小孩，但是我的家人呢？

三年前，媽媽檢查出大腸癌第三期，全家大受打擊。後來復原情況良好，至今都很健康。當時有很多教會的弟兄姐妹來關心我們，火爆公道哥（我爸）大受感動，受洗成為基督徒，媽媽那時候卻莫名當了逃兵，說自己還不想受洗。當時我和妹妹因為爸爸受洗高興得不得了，但我心中也納悶著：媽媽不肯受洗的顧慮到底是什麼？治療順利完成後，媽媽也健康地回到家中。在偶然的機會下，我鼓起勇氣問她為什麼當時不願意受洗。

媽媽淡淡的說：「不行啦，我還有我媽呀！」

「我們也可以跟阿嬤傳福音呀！……而且我們三個死了都還可以在天堂見面，就差妳耶！」我急著說。

「唉喲！你們受洗就好了啦！」媽媽不耐煩了，我也該住嘴了。我心裡覺得很難過，但又不知道該說什麼。只能時常為她禱告。

幾天前，胡毅牧師忽然來電說要跟媽媽聊聊，因為她禱告的時候一直想到媽媽，特別想問她願不願意受洗，與爸爸、妹妹一起同心為我禱告。這幾年，我想媽媽也在我們身上看見生命的改變，這回面對我這場大病，她看見教會的牧者和弟兄姐妹用實際的行動和禱告，成為我們家庭的支持；也看見我在治療時的痛苦。**她知道，靠著她自己，孤單又無力，還不如「投降」，一起加入神子民的行列當中！**於是，媽媽願意受洗了！

一人信主，全家得救。這句話我等了好久！我是第一個，而妹妹是第二個！想當年，我跟妹妹傳福音的時候，她超級凶的，要我不要再傳教了，還覺得我很煩，當時真是受傷，只好默默為她禱告。某個夜晚，她心情非常低落，妹妹一向很難對人說出心裡的憂傷，奇妙的是，她當晚竟然願意與我分享！明白她傷心的緣由後，我小心翼翼的搬出耶穌；為她禱告後，她經歷了很真實的平安，就決定相信耶穌，不久後受洗。有妹妹跟我一起上教會真好！

媽媽的受洗典禮簡單卻隆重，除了我們一家人，媽咪的妹妹，也就是我的乾媽也來參加。當牧師問媽咪：「妳是否願意接受耶穌成為祢生命的救主？」媽咪害羞但堅定地回答：「我願意！」那時我的心裡真的好激動！

我被外星人綁架了！

參加完媽媽的受洗典禮後，我就發燒了，第二次住到急診室。生病好一段時間，現在我已經會給自己找樂子了，就當作自己到了陌生、未知的偏遠地方展開體驗好了，讓自己去適應許多的聲音，享受「難得的喧囂」。當晚就有一個阿伯，可能是意識不清楚吧！響亮的緩緩喊著：「救命呀！救命呀！」我和妹妹都笑了。

在病房中，爸爸看見許多老病人，就會感慨起來，希望自己以後不要成為我們的負擔，也希望走得痛快乾脆一點；我聽了心裡感覺怪怪的，更深自反省：爸媽養我養到這麼大，照顧我、教育我，而我到底有沒有負起兒女的責任，不僅拿薪水回家，更重要的是陪伴他們、關心他們的身體健康？這段期間我深刻、真實的感受到自己對爸媽的愛是這樣不足，有時會對他們生氣、有磨擦，但我的爸媽卻沒有放棄過愛我、保護我，而我的回應是什麼呢？

聖經說：愛能遮掩一切的罪。並非指面對事實卻擺爛不管，所以可以不計較；而是**因為愛的緣故，讓我們的怒氣、自我中心、批判的罪，都被愛遮掩；也就能有耐心包容和接納、原諒和勸解**。

進移植室的時間敲定後，妹妹辭了工作，來當我的貼身看顧。有妹妹陪伴真好，不只照顧我的起居，還照顧我的心情。因為我的免疫變差了，只能盡量待在床上……天花板上雖然有很厲害的空氣清淨機，可以減少感染，但越來越虛弱的我心情真的很難好起來，一不小心就會被烏雲籠罩，陷入自憐自艾與想不開當中，這時候妹妹就會陪我玩！

有一回，我又「玻璃心」發作，幾乎要哭了。妹妹問我怎樣才能讓我開心一點，我就叫她來當不能動的洋娃娃給我抱！沒想到我要親她的時候，卻遭到她的反抗，我反而被她抓住，變成她的洋娃娃，讓她開心的又抱又親！我都無法掙脫，小時候才不是這樣咧！以前我總是很有活力地把妹妹抓來抓去！接著我們又邊笑邊玩，我烙狠話說：「等我好了妳就知道！」以為這樣她就會有「攢宅」（節制）、會停手，沒想到她可憐兮兮地說：「我好怕喔……所以……我要趁現在多玩一點！」哈哈哈！從此之後這就成為我們的必備遊戲，雖然被外頭的護理師看見了，他們就會在玻璃窗外比劃，叫我們分開，可是我不得不說，「擁抱」好有力量！生病後，我常擁抱我的家人，傳達我對他們的愛和感激。雖然在玩，但是我知道妹妹不只是要逗我開心，也想要抱抱我，給我鼓勵。

還有一次，妹妹出去買晚餐，我聽見她似乎要進來的聲音，便趕快蹲在床邊躲起來。妹妹進門，看我沒在床上，跑去廁所檢查，這時我已經憋笑到快不能呼吸了；她到處找不到我，「ㄟ」了一聲，我就再也忍不住笑了出來！之後，我當然又被她抓來抓去，「處罰」了好一會兒……

進移植室前的說明會中，醫療人員提出過往的各種經驗和紀錄，也告訴我們，一切併發症、副作用程度都是未知，目前用科學標準測不出標準值；為了不遺漏任何可能，只能把所有恐怖的可能情形都先說一說。這些震撼教育是為了讓我們有心理準備，把皮繃緊一點。

移植室又稱為無菌室，匆匆搬入後，為了無菌管理，很多衛生習慣都會被嚴格控管，避免感染，所以從此我就要過與世隔絕的生活了。

一大堆的消毒工作和規定，讓我和妹妹覺得自己好像來到了外星人的地盤，被抓來進行生物實驗。不但需要記錄入口的食物和水分的重量，所有排泄物也都要秤重；而食物則全部都要經過微波才能食用，洗過的衣物也都得烘乾。在說明會聽起來覺得還好，只是很麻煩，但是真的執行起來，卻會忘東忘西的。

細細瑣瑣的規定，顛覆了我日常生活已養成的許多習慣。地球人當久了，很適應活在充滿廢氣和汙染的環境中，習慣吃路邊攤、夜市小吃，喝又甜又冰的飲料，一樣可以活得好好的啊！（我之前真的就是這樣過的！）而現在，真的好像到了外星球一樣。在「細心星球」上，我想，從「粗心星球」來的我和妹妹，應該會很扎實的接受訓練吧！

接著還有「體內大屠殺」（放射性治療加化療），然後才能進行移植。我要好好的活下來！

唉，每次我告訴自己不要害怕的時候，就是我真的很害怕的時候。看到說明本上很多藥物的副作用，就覺得很機車。一切都是未知，難以預測……

二〇一一年一月 妹妹在移植室的心得

在移植室的生活如同到了外太空生物研究中心，除了把要研究的生物抓來剃光頭毛、關進隔離外界的小房間之外，房間還有一個透明大玻璃窗，讓外面的醫護人員能夠隨時注意房內的各種狀況。而身為「外太空生物研究科學家」的我，面對這未知又脆弱的外星生物，除了頭戴浴帽及口罩，還要穿上隔離衣，近距離照顧她，並且記下各項奇怪的數據，像是她進食食物的重量，以及她的尿尿和大便的重量……秤來秤去，不但考驗我的算術能力，有時遇到外星生物尿尿時順便噴屎，還要想盡辦法小心的分裝測量，手一滑就會造成可怕的屎尿危機。

在這個研究中心裡，有幾個不同的房間，分別進行著不同的外星生物研究，而用餐時間就是科學家們去公共餐廳交流實驗及觀察心得的時刻。A床的生物流鼻血、B床的生物拉肚子、C床的生物鬧脾氣、D床的生物即將結束研究要放生了……

科學家們彼此鼓勵，然後又忙碌地回到自己負責的外星生物身旁繼續研究；而外星生物們唯一有機會放風的時間，就是去做放射線治療的時候。這是個連身為科學家的我都猜不透的神祕儀式，如同古代君王臨幸妃子一般，外星生物在淨身後，從頭到腳被乾淨的布料包裹住，腳不能碰地，被放在輪椅上。當護理師宮女們護送外星生物回來時，外星生物總是臉頰紅紅……

要照放射線時，得用被單包裹全身，這是為了避免灰塵沾附和感染。坐上輪椅被推去照放射線時，不免覺得：這也太新鮮了吧！我好像一隻白色的胖蟲……哈哈哈。感謝神，給我精采的人生，給我熱血的體質；感謝神，在我經歷這很機車的疾病時，供應一切所需，並且如影隨形。我雖軟弱，但主是我的力量、我的山寨、我的避難所！

臺大兒童醫院的隔離病房裡，有一面大玻璃窗，剛好可以看見對面補習班的頂樓陽臺。幾年前，我們在那裡開始每週一次的禱告會，聚集二、三十位來自各校的高中職學生，一起高唱詩歌，為自己生命的成長、校園、家庭和國家禱告，也分成小小組，彼此分享、鼓勵，互相支持。

難熬的日子裡，有一個夕陽西下的傍晚，學生們聚集到那個頂樓陽臺，遠遠朝著我的病房跟我揮手、手舞足蹈地為我加油！我站在椅子上，在窗前拚命揮手，興奮和想念之情無法言喻！生病後，學生們體貼我的病況，總是遠遠的透過卡片和網路留言，給我捎來好多的愛和鼓勵！能親眼看到他們在那裡跳來跳去、唱著笑著，雖然還是有一段距離，但我的心感動得像要爆炸一樣，幸福滿溢！

聖誕節前夕，感謝神讓我可以在窗前看到我的想念，溫暖地安慰、撫平我無法生育的遺憾。我知道，就算無法生育，我也還是可以有主裡的孩子，這讓我心中超級滿足和喜樂。歲末年終，過去總是參加教會的聖誕慶典和跨年的通宵禱告會，與家人和屬靈的家人聚在一起感恩和盼望新年真好！今年是個不一樣的年，雖然被隔離了，我的心中還是有滿滿的平安！期許自己不只是盼望未來或是沉湎過往，更是好好地「活在當下」。為過去感恩並支取力量；為未來預備，期待美好的事終會發生。

放射線治療和高劑量的化療，除了讓我非常虛弱以外，也使原本保護我身體的黏膜受到抑制，就像機器沒有上油一樣，我這才知道原來黏膜這麼重要。黏膜被抑制後，我整個人裡裡外外乾到不行，皮膚、口腔、眼睛，還有器官的裡面也都乾了，讓我常流鼻血、胃痛、拉肚子，也吐得更嚴重。再者，免疫系統大降，不但使我比先前還要虛弱，還常常生怪病。

也因為虛弱的緣故，為了避免下床時不慎跌倒，我被裝上令人非常不舒服的尿管。這時期幾乎整天都躺著休息、睡覺，有一天竟然一直有想解小便的感覺和說不上來的搔癢感，把我折磨死了；拆了尿管後，接受了我很不喜歡的內診，但醫生卻說不出所以然，也驗不出所以然……連續好幾天，我幾乎哭著在便盆椅上坐一整夜，卻還是尿不出來！最後包上尿布，但依然很難入眠。看著為我擔心焦急的妹妹，我告訴自己要堅強一點，可是真的好難！這無助崩潰的心情，好在能傾洩在耶穌的身上！沒睡好、吃不下又不舒服，我告訴上帝我很痛苦，告訴祂我好想逃跑，問祂該怎麼辦，請祂現在就來醫治我。

後來，醫療團隊研判是我對「碘酒」過敏。為了防止細菌感染，上完廁所後，需要先用碘酒加水的混合液沖洗一下，再用衛生紙擦乾。每個人體質不同，這樣的保護措施卻導致了我多日無來由的癢！好在找到原因，改用清水後，過了幾天，我就好了！

被關在無菌室的小小空間中，我似乎得學習更深入面對自己的心。許多時候，真的是腦袋一片空白，難過到說不出話來，只能用眼淚表達……情緒抒發得差不多了，就感謝耶穌，讓我想起聖經的話語，又有繼續走下去的力量。有妹妹陪著我真好，但我也好想念爸爸、媽媽。看著大窗戶外的藍天，雖然感覺不到風，但閉上眼，我知道我的心還是可以自由飛翔。有許多人在為我加油，我也還有好多想要完成的夢想，我要抓著主的愛和恩典繼續相信、繼續跟隨！

想起去年年底，我原本將今年命名為「爭戰得勝年」，盼望自己在新的一年，面對自己生命和生活中的挑戰時，能有更多的成長和突破。但後來不曉得為什麼，憑著直覺又加上「安息」兩個字，期望自己在忙碌中一定要安排時間休息和安靜，不要一直吵吵鬧鬧的，於是就變成「**安息，爭戰得勝年**」。真的很神奇，如今到了年末，回首今年，這正是最佳寫照：前半年就是衝衝衝，到達沸騰的時候（本來預備要去花蓮偏遠部落和肯亞貧民窟），轉眼就被迫「安息」了，開始打一場不一樣的仗。

很有趣吧！為自己的新年命名，是我在教會學到的。每到了歲末年終，我們都會回首今年，檢討，數算恩典，更會開始為新的一年做準備，禱告尋求，取個名字，設立目標！年中時，也一定會回想起年初命名的初衷，迎接下半年。超級好玩！從剛進教會被帶著這樣做，之後我也開始在校園中帶高中生、大學生一起命名，每年回顧時，總覺得切題又收穫滿滿！

而放眼明年，我將之取名為**「烈火小蝴蝶年」**！我要經歷恢復、更新和熱血的一年！烈火是神的愛和熱情，而小蝴蝶是由毛毛蟲蛻變成的，充滿了生命力和改變的力量。這是我的期待！

幹細胞輸血才完成，新挑戰又來臨

完成幹細胞輸血後，新的挑戰才要開始。

骨髓移植後的三個月是危險期，要鞏固好新的幹細胞才能造好的血，免疫系統也才會重新被建造起來。因此要面對亞洲人體內偏高的巨細胞病毒。免疫正常的人可以和這種自體病毒共存，但我就是高危險群，巨細胞病毒感染簡直是我的大敵！移植一個月後驗血的指數就已偏高，接著還來個低溫發燒（要燒不燒的，很痛苦），姚醫師告誡我，千萬要謹慎！

但是要我怎麼謹慎呀？倒立、單腳站、憋氣都不能隔絕病毒的攻擊，只能依賴藥物抑制牠們囂張的氣燄，並等待我的免疫系統恢復。

好不容易回到普通病房，這幾天卻出現了「脫皮」的異狀。身上不但皮屑很多，甚至是我坐過的馬桶上面都會留下一圈皮屑，我們都要笑死了！我甚至可以從肚皮、大腿上到處撕下一片一片的皮，上面還有像雞皮疙瘩般的毛孔。我覺得好新奇，但妹妹覺得很噁心！

我深深明白到：**新的一年，我的「內在」已經不同於以往了，血管裡流著不同的血液，我真的就是一個「新造的人」**！有一首詩歌是這樣唱的：「生命在於祢，主；力量在於祢，主；盼望在於祢，主；在於祢，在於祢……」回到普通病房，需要重新適應環境，但自由多了！心裡雖然依舊有許多無奈和說不出的苦，但能做的就是**把自己全然交託在主手中，繼續相信耶穌是最大的醫生。堅心仰望奪不走的平安，就能穩住心中的不安和焦慮！**

第四章
七孔流血到昏迷，生死關前走一遭

為了活命，我付出好多代價，
但我相信我正在孕育珍珠！

美麗新世界！

新的階段就此開始，感謝耶穌讓我移植了合用的骨髓；身體有了新骨髓的加入和輔助，接下來需要時間使免疫系統能夠恢復及重建。新的關卡和挑戰就在前方，但我相信神也已經預備了豐盛的恩典和祝福，來陪我走過不同的高山低谷。

吃著爸爸為我預備的蛤仔湯，這孕育珍珠的蚌殼，在維持生命的同時，會吸到很多沙土，需要適時吐沙；但卻也因為沙土的刺激，因此而孕育出珍珠。**為了活命，我付出好多代價，但我相信我正在孕育珍珠！**

回到原先生活的世界，感覺很不一樣。移植病房太乾淨，住回普通病房後，看每個地方都覺得「有細菌」，反而變得神經兮兮的。但終於重獲自由，一定要要求妹妹帶我出去逛逛的呀！就決定清早散步去南陽街吃早餐！

被「關」了這麼久，清早雖然人不多，但遇見人或車時，我還是好緊張，不自覺地緊抓妹妹！她牽著我慢慢走、慢慢過馬路，還小心翼翼地與他人保持距離。剛剛被放回地球，很多事都不習慣，像在玩街頭闖關遊戲一般，樣子真的有點蠢……

終於走到早餐店，可以品嘗現做的早餐，而且不用秤重量！終於可以跟微波食品說掰掰了！還是新鮮的好！早餐後，到二二八公園散散步，看著身旁的妹妹，心裡好感恩：不用隔著玻璃，可以「裸視」，望著藍天、綠樹；坐在小徑的石椅上，微風吹拂，閉上眼聆聽周圍的聲音，樹葉拂動聲、鳥鳴聲……起身高舉雙手，用力深呼吸，聞到空氣中濕濕的草香，心裡好暢快！在吸、吐之間，願我吸進滿滿的勇氣和盼望，吐出一切的苦悶和委屈。

今後是個新的開始。回想這一路走來，身體備受限制，但好在還有自由的腦袋瓜，讓我可以想很多東西。我常常和妹妹一起收看鄉土劇，把討論演員的演技、臺詞、換場位置等等當作我們的樂趣，讓有點愛拖又誇張的鄉土劇變得很有意思。我們還常常模仿很瞎的劇情和鮮明的角色設定，然後一起哈哈大笑。我也看了幾部電影和卡通，其中葛優在《非誠勿擾2》和《手機》裡自然到不行的表演，讓我印象深刻！

我也很喜歡梁朝偉和周星馳，他們的演出讓我覺得「很淺，卻也很深」。而葛優的演出，一切都很到位，帶領觀眾走進劇情之餘，還能夠反思生命的意義。回想起過去，「衝！用力！表現！」對我而言好像比較容易，我絕對是個人來瘋，現在卻要學習放慢步伐，讓身心靈平衡。狼吞虎嚥能夠在短時間內吃下很多東西，但細嚼慢嚥才能使吃下的食物得到好的消化和吸收。聖經上說：「人不制伏自己的心，好像毀壞的城邑沒有牆垣。」我感謝神把我創造成一個很有衝勁的人，所以我更要學習駕馭自己的心，誠實面對並調整速度。在過程中必經歷破碎和等待，但相信每一步都會帶我邁向充滿祝福的未來。

「烈火小蝴蝶」，還沒熱血先發燒

「神必按祂豐盛的榮耀，成就一切，並超乎所求所想。」史牧師過年傳來的簡訊，給我無比的力量。但我又發燒、咳嗽、鼻塞了好幾天，抗生素讓我狂吐，偏頭痛還痛到連臉頰都在痛！我已身心俱疲。不得不說，我有一點麻痺了，到底要被整到什麼時候呀……免疫系統加油好嗎？看著簡訊中的每個字，我的臉雖然因為不舒服皺得跟苦瓜一樣，但我決定要把這些文字嵌入心中，伴我度過痛苦、無奈的日子。

這封簡訊綜合了兩處經文：

的。

弗3:16　求他按著他豐盛的榮耀，藉著他的靈，叫你們心裡的力量剛強起來。

弗3:20　神能照著運行在心裡的大力充充足足地成就一切，超過我們所求所想的。

這正是我為二〇一一年取的名字的意義呢！**「烈火小蝴蝶年」：恢復、更新、熱血的一年！**

然而意外的是，我已瘋狂發燒快三個禮拜了，體溫就是高高低低。做了很多檢查，還用上了高科技的核子醫學，卻也照不出什麼來。胃也開始鬧脾氣，這幾天還因為吐得太嚴重而被禁食了……又是這招，我感到非常厭倦。

我的點滴架從小枝枒變成了壯觀的巨塔，也像聖誕樹，卻不是放滿禮物，而是掛滿營養補充品和藥物。上週還照了我最害怕的胃鏡，結果也正常。一切就是很莫名又很機車，找不出任何原因，我卻一直受著檢查和打點滴的苦……

也因為發燒，沒能回家過年，我們全家幸福地聚在醫院一起吃年夜飯。但不明原因的發燒持續困擾著我，很多次以為要好了，但隔天又開始燒。每天都會發燒三、四次，每次發燒，我便會全身發冷，並誇張的發抖到牙齒打顫三十分鐘！真的是整個人「瘋狂痞痞挫」！這時，除了吞下退燒藥，家人還會熟練的架好暖燈，照在我身上。我就像雞蛋一樣被孵著，等到身體冷靜下來，全身就會發熱大流汗。

斷斷續續發燒兩個多月，一直重複著「孵蛋」的過程，讓我沮喪。但更受不了的是「抽血」。因我的人工血管疑似感染而造成發燒，只好停用，直接用針筒抽血；但每次發燒都要抽血，次數頻繁到我都要抓狂了！我的血管已經因為注入太多藥劑而變硬，加上體溫的關係，都「縮」起來了，很難找；有些護理師技術不好，為了要抽到血，就用針頭在血管中鑽來鑽去，超痛！另外還需上一支軟針在手上，我最痛恨用軟針打點滴了，除了手上有針，動作不方便外，我的血管對藥物很敏感，打藥時就會很痛。再後來，甚至還要改裝人工靜脈導管！這是我剛入院，評估裝置人工血管前，在脖子裝設的簡便機關。這小手術當時讓我又怕又痛！我以為我永遠不會再受這種苦了，怎麼現在又要再來一次……

資深的檢驗師每次都很快就抽好血，但今天卻抽不到，扎了兩次；熱心的護理師怕我的血管受不了了，想幫我再打一針軟針輪著用，結果扎了兩次也都失敗；晚上我又因為發燒所以要抽血，資深護理師因為抽不到我的血，鑽了很久，超痛！最後要裝人工靜脈導管，總醫師安慰我，這個住院醫師沒有失手過，讓我安心了一點，但最後還是弄半天，非常疼痛……之後我忍不住崩潰大哭。這是很艱難的一天，什麼勇敢都沒有了！

「主呀，我還可以繼續堅持嗎？……或者，我到底在堅持什麼？」每當我開始迷惘、疑惑，腦海中就會浮現家人的臉龐，牧者、朋友、孩子們的臉龐。我流著淚求主領我度過這個困境，我知道我是被支持的。

四月初，體溫終於穩定了點，開始能夠進食。但需要吃很多的類固醇止吐，又因為鼻塞，用嘴呼吸會很乾，需要喝大量的水；加上主食是白稀飯配海苔醬或鮪魚罐，這是相撲選手養成飲食吧！這些因素加在一起，讓我一直發胖，一天重一公斤！

四月底，我又開始發燒，但卻不斷變瘦。人工血管拆了，也檢驗不到什麼，發燒原因仍舊不明。

燒了將近三個月，讓我覺得內科醫師很了不起，總是需要在奇妙的人體中找答案，嘗試用藥；也許能控制住病情，但也有可能會造成身體損傷……姚醫師鼓勵我多禱告，他還準備幫我調整藥物，因為用藥太多也可能造成感染。

原本「漢草」（體格）很好的我，現在瘦到四十五公斤，在風中都嬌弱到快要站不住。以前我老是想減肥，卻從未成功太久，因為享受美食是最讓我開心的事。國、高中時期，雖然不是挺美麗，但圓圓的臉和身型，也算是人見人誇的可愛啦！當時總是非常在意自己的外表，臉上長顆痘痘、便服日怎麼打扮，都成了每天最在意的事，卻又因為正在發育、食量大，為著不停長胖而苦惱。如今想起來格外好笑。我現在覺得，若能健康，胖一點、壯一點，又有什麼關係？

除了發燒，從小就纏上我的鼻竇炎，最近看我免疫力低好欺負，又來鬧我了！小學時，媽媽就常帶我去有名的耳鼻喉科診所看病。我真的很討厭坐在診療椅上的感覺！醫生總會用各式各樣的工具幫我「整理整理」……印象最深刻的就是用鋼做的細管深入鼻子吸鼻涕！小時候，我為此吃了好多藥，慢慢長大後，病況改善許多。但這陣子，我又開始整天鼻塞。試著大力擤鼻子，就會覺得耳膜要破了，眼睛要掉出來了！只好改用嘴巴呼吸，卻因此口乾舌燥。加上骨髓移植後，黏膜變薄，除了嘴破，這樣用力擤還會不時流鼻血！

又因為無聊，我養成了挖鼻孔的惡習。你們知道我的鼻屎有多大嗎？從我又小又塌的鼻子裡，常常可以拉出超大超長的驚喜，依顏色分為蔓越莓乾、龍眼乾或芭樂乾，每個幾乎都有小拇指的兩個指節長！這真是一個壞習慣，但卻成為我沉悶的病房生活中的一項樂趣，我就這樣沉溺在「時時有驚喜」的期待中，每次有所「斬獲」都要跟身邊的家人、朋友分享，看見他們驚嘆的表情時，我的心就得著滿足！哈哈！我甚至還有專用的透明塑膠蓋的枇杷包裝盒，把巨無霸鼻屎乾們一個個排好，方便蒐集和欣賞。

只能說我應該是住院住到悶壞了吧！這麼無聊的事，我卻持續做了好一陣子。有的護理師看見我不丟掉，就會殷殷勸誡，我便任性的藏起來，自己欣賞。但因為這樣拉出鼻屎，有時也會讓我流鼻血，護理師看我都講不聽，有一次生氣地對我說：「妳再挖，我們就把妳的手綁起來！」我才收斂一點。現在想起來，很驚訝自己怎麼這麼瘋癲。我想，是因為需要一些簡單的生活樂趣吧。過去多采多姿的生活讓我可以優遊其中，總是很有方向的努力著；而現在的我，老實說真的是按捺不住了，只好隨便找點什麼東西來玩。

發燒的元凶找到了！

而到底是什麼原因讓我發燒呢？

全身上下都找遍了，連人工血管都拆了！照電腦斷層時，發現我眼睛下方鼻竇區有紅紅的兩塊，表示正在發炎。

原來凶手就是綠鼻涕中的綠膿桿菌，就藏在我的鼻竇裡！經過評估後，決定好好清理一番，用內視鏡手術，從鼻孔中進入鼻竇，但因為接軌的洞太小，因此要先把這個通道擴大，再用精密的器具進入清理鼻竇，把裡面的組織淨空。偏偏鼻竇裡的血管超多，就算縫合傷口後，也會出血，因此還要用很多棉花，飽飽的塞到我的小鼻子中，幫助止血，以免鼻血亂流。

所以手術後，我又塌又小的鼻子真的辛苦了，這一塞，那種窒息的感覺遠勝過鼻塞。我嚴重地口乾舌燥，需要不斷地用棉花棒沾水濕潤唇舌，並且因鼻腔四通八達，與眼、耳、氣管及食道都相通，手術後當晚，我一時反胃，爸爸成功用臉盆接殺，發現我吐了一盆血！仔細檢查，還會發現我的眼睛、耳朵也都在滲血，鼻孔當然也是，只是塞住了……人生走到七孔流血的地步，真的是太精采了……

不只這樣，嚴重的術後水腫讓我變豬頭，腫到眼睛睜不開……取出鼻孔中紮實的棉花後，手術的縫線外露，讓我看起來既像鼻毛過長的員外，又像鯰魚，整個人看起來非常滑稽……我從來沒想過鼻竇炎可以嚴重成這樣。

骨髓移植後是場更大的仗

骨髓移植後，我不但持續發燒了三個月，因鼻竇炎而嚴重鼻塞，我的頭號敵人「巨細胞病毒」也開始逛我的身體了！就姑且稱他為「小巨」好了。小巨順著血液，東逛西逛，讓我不停拉肚子。雖說每個人的狀況都不同，但我就是那個被小巨打好玩的人，非常可惡。

另外，我的右眼也淪陷了。一開始是視野模糊，右眼球下方一小塊就好像被刮花了，看東西時總是霧霧的，接著竟然出血！我的視野也因此變小了，像窗簾有三分之一沒有拉上去那樣。兩眼狀態的不平衡，也讓我時常頭暈不舒服。護理師看我辛苦，就拿無菌口罩幫我做了眼罩，戴上後，舒服多了。

但為了避免巨細胞病毒繼續磨損我的視網膜，必須進行眼球注射手術。再更白話一點就是：在眼球上打一針啦！你能想像嗎？這也太驚悚了吧！眼睜睜的看著這一切發生耶！我好想反抗，但為了以後還能繼續看見這世界，我沒得選擇……

眼球的注射，不只皮肉痛，更有極大的精神壓力和恐懼。從點麻醉眼藥開始預備，上手術檯後，接上機器，可以聽見自己的心跳聲。蓋上洞巾，只露出一隻眼，開始消毒眼睛四周。那冰涼的感覺，就像在提醒我要冷靜，要hold住；手術檯上的大燈一亮，我就跟自己說：耶穌看著、陪著，不要怕。裝上眼睛撐開器，就開始消毒眼睛，那刺痛真讓人發狂，我卻無法闔眼躲避。

依照指示，我要朝一個地方看，定住瞳孔，好使麻醉針能注射到需要打藥的位置。我清楚的聽到自己的心跳聲越來越快，全身僵硬。瞬間明白為什麼這裡要把冷氣開到這麼冷，除了除菌之外，也是為了幫助病人「結冰」吧！麻醉針打起來雖然痛，但很快就結束了，接著是主角針劑進場。針扎的痛感和脹痛的不舒服，每個環節都在挑戰我的極限！每次結束後，都要到隔天才能完全舒緩下來。好險打了三次，病毒終於控制住了。

有位護理師看我喪氣地躺著，有一天就幫我在眼罩上貼了大蝴蝶貼紙，希望我開心一點。我成了獨眼的蝴蝶夫人。眼睛看不清楚，讓我非常難過也非常害怕，癱在床上，打著營養針，心裡很沮喪。「骨髓都弄好了，這只是過渡期，不要怕……」我總是很努力地想安慰自己。

最後，眼睛是保住了，但被小巨弄傷的視網膜上有了疤痕，影響到我的視力，就像窗子上面有髒汙一樣。恐怖的眼睛注射治療，雖然讓我生不如死，但保住了右眼，這就值得最大的感恩。

我的家人從頭到尾都陪在我身邊，與我一同經歷這一切。每次我從手術房出來時，爸爸都在旁邊守候著我。我的眼淚不只是因為痛，更是因為過程中的恐懼讓我感到痛苦。看在爸爸眼中，他也很無力，只能為我禱告、溫柔地照顧我；媽咪也常幫我全身按摩，舒緩我因緊張而緊繃的肌肉；緊繃的心情，也多虧有活寶妹妹一直鬧著，讓我整顆心都放開了。雖然現在看東西無法像從前那麼清楚，視野也變小，反倒使我深刻經歷神創造家庭的豐盛祝福。**肉體上的眼睛不靈光，但重要的是，心裡的眼睛更清楚了。**

紅色警戒：瑋萍昏迷了！

二〇一一年六月二十六日

謝謝你們持續關心瑋萍，最近她因為需要確定腦部有無感染，而抽了腦脊髓液，頭又痛又暈。加上之前眼睛受感染而視力模糊，身體及精神都非常不好，也沒有胃口！現階段她的身心都非常疲憊，歡迎大家透過這裡為瑋萍加油打氣哦！（佩錚）

二〇一一年六月二十六日

瑋萍今天早上又發燒了，原因還不明，沒有了綠膿桿菌大元凶，希望只是小病毒，可以趕快得到控制；而巨細胞病毒也有更囂張的傾向，雖然一連打了很多天的藥，目前還是沒控制住。也因為要打這種藥，瑋萍的血液生長也會被影響，長不好，所以出院日期又要延到不知道什麼時候了，請大家持續為瑋萍禱告哦！（佩錚）

二〇一一年六月二十七日

緊急通報！瑋萍明天又要做嚇死人的鼻竇炎術後清理手術，仍然需要全身麻醉。上一次的手術後續不太順利，拆藥時血流不止，像是鼻血噴泉一般。求主保佑明天手術順利，並且術後的癒合也滿有主的恩典，平安充滿！（佩錚）

二〇一一年六月二十七日

虛驚一場！剛剛住院醫師和耳鼻喉科溝通後，姊姊目前的狀況不適合做這樣的手術，也沒有那麼急著要處理，所以先取消了！（佩錚）

安排腦脊髓液穿刺檢查後，果然在其中驗出了小巨出沒，致死率很高！立即開始瘋狂施打抗生素，我也完全陷入昏迷。幾天後再驗，腦中已經沒有小巨出沒了，也恢復意識。

二〇一一年六月二十八日

瑋萍最近頭痛得嚴重，幾乎都在昏睡，我想，等她狀況好些，再歡迎你們來看她囉！她一定很期待跟你們說說話的。（佩錚）

二〇一一年六月二十八日

瑋萍昨天做的核磁共振報告結果顯示，是腦脊髓內的不平衡導致現在的頭痛與頭暈，因此她只要一起身頭就會痛到不行，頭暈也讓她反胃及嗜睡，無法進食，得靠營養針補充體力。請大家為瑋萍禱告，讓她的腦脊髓快快長出健康夠用的脊髓液，並且在巨細胞病毒受到控制停藥後，骨髓也快快長出健康的血液，讓體內的病毒不再成為她生命的威脅。最後，願她雖因身體不適無法進食，卻有神的話語成為她的靈糧，身體因此健壯起來！（佩錚）

昏迷了好幾天，雙腳無力……除了被限制行動，還被要求包尿布！也太殘忍了吧！雖然我還是有點昏沉，但個性比較硬的我超級排斥躺在床上大小便，光用想的就生氣。最後我卻還是被包上了尿布！這是護理團隊專業照護的決定。我無力地躺在病床上，心裡非常難過沮喪，吵著跟妹妹說我要去廁所。辛苦的妹妹面對我的無理取鬧，也很挫折。

好在這些日子，擔任護理師的老友培瑛，趁著空檔，常常前來探望我和妹妹。幾年前，培瑛陪在罹癌父親的身邊，送他走完最後一程，還親自為父親拔管。因此她很能體會家庭中有人生病時，陪伴者心裡的煎熬。培瑛的護理生涯並不順遂，她常常會出一些凡人無法理解的小包，讓人啼笑皆非。像是開櫃子拿東西，然後就把門拆了或把鎖弄壞了；蹲下協助病人起身，結果褲底破了；幫病人輸血時，竟然不小心將血袋捏爆……但是她還是不氣餒，熱血又認真的熬過了菜鳥時期，現在成為專業又可靠的護理師學姊。她的出現總是讓妹妹的心情舒緩不少。

事後妹妹告訴我，培瑛自告奮勇的要幫我換尿布，一副很在行的樣子，結果做著、做著……

「唉呦！」她扶著腰。

「怎麼了？」妹妹緊張的問。

「我……閃到腰了……」培瑛痛苦的回答。

果然是培瑛，想露一手，卻事事出糗。而這時我只是呆呆的躺在病床上，還不知道自己即將面對一場更大的風暴……

二〇一一年六月三十日

瑋萍今天狀況很不好，從一早會診折騰過後，整個人就陷入昏睡，加上她的頭痛狀況沒有改善，只要一醒來上廁所，頭就痛得精疲力盡。晚上醒來時與她對話，她卻無法回應，整個人非常的不對勁。目前無法研判是何種原因，請大家為瑋萍禱告。（佩錚）

二〇一一年七月一日

緊急狀況！瑋萍剛剛做了腦部斷層掃描，發現是硬腦膜下出血，因此人才會一直昏迷，必須緊急開刀處理。目前已請外科醫師前來評估，隨時都有可能緊急開刀。她惡化速度很快，但目前的身體狀況及凝血功能並不是那麼適合動刀，若不即刻處理病況卻又會更惡化。剛剛外科醫師說了一些可怕的話，評估不認為是腦部積血

的問題讓她昏迷惡化，因此手術不一定保證她可因此好轉，且手術風險極高，可能致命；現在兩科醫師正在討論中。（佩錚）

現在再看當時妹妹在我的臉書留下的訊息，心中依然激動。在要做決定的時候，爸爸接到我的牧者佳音姊的來電。這個手術危險性高，可能致死，但如果不試，我就會成為植物人。佳音牧師陪著爸爸禱告後，做了決定。雖然很危險，爸爸還是希望把生死交在耶穌手中，決定開刀，才能讓我有機會清醒並活下來。那時的我已失去意識，很難想像家人的心情，但現在回想，心中仍然不捨。

根據妹妹轉述，傍晚決定動刀後，發現我的血小板嚴重不足，需緊急大量輸血。經過四小時的輸血，直到十一點終於開始手術。我的家人和好姊妹守在手術室外，教會許多弟兄姐妹也為我禱告。經過了五個鐘頭，手術順利結束，感謝主，這真是折騰人心的一晚。但危險還沒結束，雖然輸了超多血小板，我卻還在失血當中，得留在加護病房觀察。

二〇一一年七月二日

告訴大家一個激勵信心的好消息：剛才我和曉薇進加護病房看瑋萍，與她說話、禱告、讀聖經給她聽，她有反應喔！甚至當曉薇說「妳是新婦戰士」時，瑋萍有想笑耶！這實在激勵我們的心！

（佳音牧師）

雖然我已什麼都記不得了，但看著這些訊息，**我知道是在基督家中許多愛的禱告，編織成了一張大網，托住了我！**感謝耶穌，是祂的愛連結我們，因此我們都一起經歷了榮耀和盼望。我活下來了，神回應了眾人的禱告！

※補充說明：「新婦戰士」的「新婦」即新娘。聖經中提到了婚約的神聖和堅定不渝，這都是源自於起初神創造萬物，賦予人特別的身分，並與人立下愛的盟約，因此每位基督徒都是神獨一無二的新娘。（不是神有很多太太的意思，重點是**神與我們立的約，都是個人性的。戰士是指我們活在世上，都要面對各式各樣的挑戰，並且要傳福音，在靈裡每一天都是爭戰。**）

二〇一一年七月三日

姊姊意識逐漸恢復，但一切仍在觀察中。加護病房的醫師們認為，她目前的頭痛狀況，非常有可能是之前抽腦脊髓液時傷及因化療而纖維化的脊髓，以致於那個抽取的洞無法癒合，流失脊髓液。若現在不做些侵入性的手術補救，恐怕會造成另一個即時的生命威脅。因此我們在等待麻醉科醫師來做手術說明，請大家一起來為瑋萍禱告囉！（佩錚）

二〇一一年七月六日

瑋萍從骨髓移植室出來後，受到巨細胞病毒猛烈攻擊，同時又要兼顧她自體免疫系統及血液生長情況，用藥需要非常小心，但無情的巨細胞病毒還是悄悄跑到她的腦部。做完腦脊髓的檢驗後，醫師決定用藥效更強的藥劑來殺光她腦部的巨細胞病毒，沒想到這一針讓她變得意識不清，一開始直喊著頭好痛好像要炸開了，幾乎只有躺著不動才能減緩不適感。當我和她說話時，她的眼睛雖然看著我，卻好像不明白我在說什麼，也無法回應，只是單純地望著我，然後繼續閉眼入睡。

在找出她漸漸昏迷的原因前，看著越來越安靜的她躺在病床上，是我感到最無能為力的時期，她的世界完全與我們隔絕了，我感覺死亡離得好近好近。

幸好，後來在加護病房，她漸漸恢復了意識。雖然身上插著好多管子，但還是對我們擠出了笑容。真的是擠出來的哦！因為腦部手術的關係，原本就「膨皮」的她臉頰更腫了，一笑起來氧氣管就會勒住她的圓圓臉，就像數字「8」……（佩錚）

小小的一個針孔留下的洞，卻因為血小板不足無法即時癒合，使我的腦脊髓液偷偷外流，造成壓力不足，大腦在腦袋裡撞來撞去，把連接腦膜的血管都扯斷了，造成出血。而血液又壓迫到我的腦，造成劇烈頭痛，差點小命不保。經歷了這個生死關頭，我真的感謝耶穌，不然恐怕我見到祂時，還不知道發生了什麼事情咧。後來在評估後抽了骨髓的血，把那個小洞補了起來，暫無大礙。

妹妹告訴我，住院住久了，又進了管控嚴謹的加護病房，我常常瘋言瘋語。會忽然說：「人好多喔！」或指著天花板跟她說：「那裡有一盤牛肉……」她問我想不想吃，我竟然還會靦腆地對她點點頭……護理師告訴她，那是「加護病房症候群」。因為長時間處在封閉的室內，在不知日夜的情況下面對各種治療，心理壓力可能會導致幻想、幻象、精神病或精神官能症。好不容易回到一般病房後，我還曾因不舒服和腦袋不清楚，自己把鼻胃管拔了，有天還差點自己拆了頭上的紗布！後來我就被綁起來了……這些事讓我覺得，人失去自主意識實在好恐怖，都不知道自己在做什麼了。

雖然不是很清楚發生了什麼事，但當時我有發現頭上多了兩條管子，作用是要把剩餘的血水導引出來，妹妹說我像極了天線寶寶的親戚。而下一步，要將腦子上的管子拔除以及傷口的癒合也都有風險……幾天後，順利的把管子抽出，又回到加護病房觀察。半清醒的我，終於可以坐起來，想要下床時，卻發現自己竟然癱了！這無比戲劇化的場景，卻是我不得不面對的、晴天霹靂的事實！昏迷過久，加上部分腦神經受損，使我的手腳刺麻無力，我的心情down到了谷底，不斷的想起過去我那雙壯腿……這將是一條辛苦的復健之路呀！

據妹妹回憶，當時我已經可以講話了，但因為全身無力，自然就用最輕鬆的發聲方式說話（只用喉嚨）！因此講話聲音變成了扁扁的娃娃音，搭配光頭紗布造型和放鬆的呆臉，妹妹覺得我很像Hello Kitty，就在紗布上面夾上蝴蝶結小髮夾……

並且，我還是很痛恨包尿布。有天，我又執意自己下床小便，用娃娃音不斷吵鬧。妹妹拿我沒輒，沮喪地去求助護理師。就在此時，我偷偷摸摸地坐到床邊，想試試看有沒有辦法自己去廁所，沒想到尿布太滑，我一屁股就溜下床了！她正好進來，驚訝又擔心地問我怎麼了，我吞吞吐吐地說：「我……我只是想坐在床邊等妳呀……」妹妹聽到這麼瞎的謊話，就說：「白賊七！」然後笑出來了。我也坐在地上笑。

經過這件事後，我好像有摔醒，開始願意好好配合了。一方面是因為我不想成為麻煩，我若跌重了，很多人要負責，也有很多人會難過，而真正受苦的其實是我本人。

終於回到普通病房，姚醫師早上帶著實習的醫生們來查房（妹妹說他們有好多人，但是走路都沒有聲音），除了了解我的情況，更跟他的學生說：「瑋萍是我們的教科書。」姚醫師向我解釋，因為我腦殼裡的「水」漏光這件事，課本有寫，卻很罕見，所以謝謝我當了他們的「活教科書」。我還真不知道要怎麼回答耶！這麼衰的事又不是我願意的，說謝謝真的怪怪的，所以我就為著可以對醫學有貢獻感恩好了！這麼看得起我，讓我成為醫學院的教科書，讓血液科的專業得到提升，我真的很榮幸耶！哈哈！

浩劫重生後的「生死之交」

經過這場浩劫重生，思緒恢復後，聽著爸爸和妹妹的描述，心裡千頭萬緒……但我更確定的就是「我要珍惜」！不僅是珍惜自己，也要珍惜身邊的人。

以前，面對生老病死，我總抱持著遇到再說的態度，一切賴給耶穌就好了。但經歷了這生死關頭，我深深感到：可以活下來真好！也讓我更正視家庭的問題。人都會病、會老，除了國家社會的福利和照顧，此時有家人的陪伴是最幸福的。在經歷過這些事以前，我也從沒想到今天我會想這樣說：我們都不知道哪一天，誰會失去意識、誰會離開我們身邊，所以我決定每一天都要好好活，更要好好的愛人。也許還是會生氣、會難過、會有不順利的時候，但總是要好好珍惜每一個擁有的幸福，也期許著未知的祝福。

我的主治醫師姚明，是位溫和親切的醫師，但行事相當有原則，診斷時也非常謹慎。每次他來巡房，總是親切地問候我，然後非常仔細地了解我的狀況。在我情況開始不穩定時，他需要出國幾天參加研討會，謹慎的姚醫師把我慎重地託給了他的得意門生，我才能度過險境！

這次緊急事件，也讓我新認識了一位總醫師——劉家豪醫師。據爸爸描述，在我開始昏迷時，這位劉醫師咻地一聲出現在他面前，向他表明我當時的狀況很不妙，需要快速決定是否緊急開刀，並很快地向姚醫師回報，我才能夠盡快安排手術，挽回一命。之後，他也成為我的醫療照護團隊中的一員。劉醫師瘦長的外型和迅速的移動方式，很不像一般人，倒是像俠客或是超人。因此我和妹妹給他取了「螳螂人」的外號。常常很晚了，還會看到他在護理站盤旋。熟一點後，晚上我和妹妹就會去護理站巡視，如果遇到他，就會請他快點回家陪陪老婆和孩子！有一次，我和妹妹請教他關於鼻竇炎手術的事情，他唱作俱佳地在我們面前說明，手指著自己的顴骨畫圈圈，說鼻竇的位置也是一個共鳴腔，猿猴這個共鳴腔很大，所以可以在廣闊的森林裡「霧！霧！霧！」的傳遞訊息……看到他為了讓我們明白，還學猿猴叫，實在太好笑了！真是奇怪的好醫生！

我好感恩在臺大醫院的12C和12D血液科病房中，結交了許多好朋友，不小心有了許多「生死之交」。從我入院開始，這深厚的情誼就悄悄展開了：大眼睛怡安是第一位讓我很驚喜的護理師，她總是精神奕奕地來到病房，大聲的吆喝著：「姑娘！我們要量體溫了喔！今天好不好呀？」還有很討喜的律妏，她的齊瀏海、小眼睛配上粗框黑眼鏡，看起來一臉老實，很快就擄獲我和妹妹的心，每次她來，我們都忍不住逗著她玩！後來妹妹甚至幫她拍了相親影片，記錄她在工作時認真、有愛心的模樣，在我出院後不久，她就交到男友了！妹妹的影片「加持」真是功不可沒。

另外，姵萱當時是新進護理師，但非常認真和細心。有一次她幫我在屁股上打針的時候，發現我因為藥物的緣故，皮膚非常乾。打完針後，當時家人剛好都不在，她馬上主動在我背上擦乳液！其實她大可以請家人來幫我就好，但她毫不猶豫地為我換上新手套，讓我溫暖在心頭。後來還有另一個新進護理師美君，剛認識時覺得她有點像卡通《櫻桃小丸子》中怪裡怪氣的的野口。一開始她給我的感覺不是很可靠，因為她第一次來巡房時，拆下點滴接管，好意想幫我清理人工血管裡的血跡，結果忘了先關上卡榫，就噴血了！當下我們都嚇了一跳……好險處理好就沒事了。現在想起來真的很好笑。後來相處久了，才發現她是個陽光又趣味的人！

入院後因為活動量大減，因此晚上常常失眠，但我都還過得去，不願意吃安眠藥。到了化療中期，化療副作用帶來的胃痛和不適，讓我更難入眠，也使我對無法好好入睡產生很大的焦慮感。我總是想著醫師所說的：「不好好睡覺，就不能好好長血球！」於是妹妹就去與總是值大夜班的護理師林珊商量，幫我打「抗過敏針」。那是比安眠藥藥性輕一點的藥物，本來是在輸血時要先施打，防止過敏的，但它的副作用之一就是會讓人嗜睡！剛開始我超討厭那種一打下去就昏沉的感覺，怎知用在漫漫長夜中，昏沉變成迷幻，讓我很快就可以全身軟軟，輕飄飄的睡著！所以囉，漫漫長夜有困擾，就去找林珊！包準我一覺到天亮！

大夜的工作很辛苦，兩個人要照顧全部病房，因此她的手腳靈巧快速，半夜或凌晨的巡房，以不吵醒病人為主。但也曾經發生因為太輕巧了，病人家屬以為她都沒有來巡房的誤會，真是不為人知的心酸呀。

聽妹妹說，那段期間，因我的狀況不好，爸爸非常緊繃。醫療團隊當時為我做了很多檢查，也仔細分析檢查出的數值，就是找不到原因。當時第一線的住院醫師馬醫師來巡房時，緊張的爸爸總有許多的問題，想要知道現在到底是什麼情況，但馬醫師總是眉頭深鎖，無法給爸爸任何確定的答案，因此把爸爸逼急了，對馬醫師都很不客氣。就在我情況越來越差，幾乎昏迷不醒的危急時刻，爸爸的情緒累積到了頂點，終於爆發了！他對著當時正在照護我的護理師律妏和馬醫師大發雷霆，場面非常尷尬……

我的狀況穩定之後，妹妹有一回在醫院的長廊上遇見馬醫師，除了感謝他照護我時付出的心力，也逮到機會馬上替爸爸向他道歉。沒想到馬醫師告訴妹妹，他可以理解爸爸的心情。幾年前，他自己的親人也罹患血液疾病過世，在生死交關的時刻，他面對醫生時，也曾因心裡的擔心和恐懼，差點動手揍醫生。馬醫師同時也向妹妹表明自己也是基督徒，這讓我們覺得好感恩。上帝奇妙的安排，在那麼危急的時候，竟可以讓在主裡就是一家人的弟兄照護。而馬醫師也因為自身的經歷，更能體諒爸爸的心情，非常認真地照顧我。

除此之外，住院時期每兩個月會輪換一位住院醫師，就在那危險的手術後，蔡醫師上任了。當時還是菜鳥的他，真的是連適應的時間都沒有，就要面對一個非常危急的case。他很認真地讀完了我比可樂杯還要高的病歷，好知道怎麼樣照護我；

之後還在研究大會上，上臺報告了我這個特別的case……最令人開心的是，幾年後他選擇血液科，正式成為血液科的醫師。

在恢復期間，需要練走，有時候還是會不慎跌倒。每次一跌，當班的護理師就要寫報告，使他們對我真是好氣又好笑，只能時常苦口婆心地叮嚀。

我第一次跌倒是在第三次化療時，半夜起床上廁所，迷迷糊糊的我，走回床鋪時，突然頭暈軟腳向後倒！「扣！」了好大一聲，後腦杓也腫了個大包……另外一次是因為在隔離病房嚇妹妹的經驗很好玩，出了移植室，狀況穩定一點後，一天下午，我也想要嚇嚇爸爸。在爸爸差不多要出現的時間，我想順便拿保溫杯出去裝水，緊張的縮在護理站旁邊等他出現。護理師看到我偷偷摸摸的樣子，關切了一下，我還請大家小聲一點！

「爸爸來了！」我的心跳加速，算準時間，跳到爸爸面前「嘩！」的一聲，卻因為沒站穩而跌在地上，保溫杯也鏗鏗鏘鏘的打滾……頓時空氣凝結，幾秒鐘後，幾位護理師跑過來了解情況，大家都面面相覷，因為每個人都看到瑋萍跌倒秀了，所以，是誰要寫報告咧……

後來還有一次是在晚餐後，我獨自推著像聖誕樹一樣，掛滿點滴和一臺有點重量的打藥用計量計時器，在走廊散步。走到C、D棟的通道走廊交接處，有一個隆起的鋼板，我小心翼翼的移動點滴架的輪子，試著把點滴推過去，沒想到點滴架一個重心不穩應聲倒地，我也被點滴管帶倒了，就這樣臉朝下趴跌在地上！護理站人員衝出來關切，發現我的頭上腫了個超大的黑青包！為了確認這個黑青有無擴散，護理師用奇異筆把它圈起來，以便觀察。好像玩遊戲輸了的懲罰喔！又恰好這個大包上面，有幾個點點顏色特別深，位置組合起來剛好就是眼睛和鼻子，反正都在臉上畫圈了，就順便把五官也畫一畫吧，因此我的額頭上就有了一個笑臉！

另外，專業的美容師朋友小靖來幫我按摩，揉揉捏捏好暢快！不過因為骨髓移植放療的關係，再加上長期住院，沒流什麼汗，打點滴也不方便碰水洗澡，大多時候是擦澡，角質層變很厚。我身上的皮屑好多，黑黑細細的，應該就是俗稱的「仙」吧！因為數量滿可觀的，妹妹還說要做成幾顆仙丹，送給我們喜愛的醫生補一下。更笑我是基督教界的濟顛，要給我一把扇子！

我不禁想到：**我們的生命不也需要常常去角質嗎？**不然久了，也許會失去光澤、發臭、癢或感染。洗澡還真需要用心呢！以前我老愛洗戰鬥澡，速度很快卻不仔細，就跟我急躁的個性一樣，雖有效率但卻也很莽撞。這次生病的經歷，讓我開始明瞭細心的可貴，不再拿自己天生粗心當藉口；每個人都有不同的特質，但卻可以選擇要擁抱什麼樣的品格和生活態度。所以我要好好地跟自己說加油，雖然面對各式各樣突發的併發症，我都無能為力，但感謝神，我有很棒的醫療團隊，有愛我的人陪我一起。現在，既然我好多了，更要試著開始學習過有規律和正常的生活，就從好好洗澡開始吧！

下一條漫漫長路：復健

搖搖晃晃，走路像隻企鵝似的，這樣的日子不知還要過多久……看見小小孩在公園奔跑，快樂地踢著一顆有自己膝蓋高的球，雖然搖搖晃晃卻不會跌倒，我心裡好羨慕喔！一定要努力復健呀！

雖說好漢不提當年勇，但還是會忍不住想起之前的生活：只要是在臺北市內，不管哪裡我都騎著腳踏車自己去、固定上健身房做重訓和跳有氧、有救生員執照，還參加馬拉松比賽，活動力十足……發現自己與以前大不相同，是很殘酷的事。

雙腿軟趴趴，更讓我有些擔憂：「不會以後都要爸爸背我上樓吧？不會以後都不能自己行動了吧？該不會一輩子都要當軟腳蝦吧？……」負面的想法，時不時就會從我腦袋裡跳出來，非常的討厭！就像漫畫中的人物有想法時，頭頂上會出現的對話框一樣，我要伸手把它們都撥散，再想下去就永遠都不能好好走了！專心復健比較實在！

物理治療師在我的腰上綁上皮帶，好讓一旁的幫助者可以隨時拎著我，以免真摔在地上。現在的我連站都站不久，還想跟企鵝比咧！因為腦神經的損傷，我的復原非常緩慢，拿著助行器，心裡真的很悶。走一步就要搬一下，發出鏘啷聲，真的跟烏龜一樣。不，是蝸牛。而且我真的不會用手杖，我寧可扶牆壁……反正我就是不甘願啦！又挫折又懶惰。

看著自己病瘦了的一雙小鳥腳癱在床上，心裡很沮喪。想到我的家人，我知道我不可以放棄；想到我的夢想，要去各地短宣，我不可以放棄！想到還有好多沒有做的事，我不可以放棄！每次瀕臨崩潰的時候，我就禱告，禱告讓我的心可以安靜下來，又能夠繼續前進。

新來到我身體裡的造血細胞，可能還在適應環境吧，所以製造的血小板質與量都不夠標準，輸入的血小板也很快就流失，因此需要申請配對的血小板。配對來的血小板會增強受捐贈骨髓者的體質，血液的質量就能提高。配對需要時間，但有這樣的醫療資源可以補強身體的不足好厲害喔！

容易流鼻血的日子真不好過，流不停就無法躺著休息，打止血針又讓我渾身不對勁。骨髓移植後會有一段排斥的時期，症狀之一就是「乾」，而我的鼻黏膜不夠厚，無法達到潤滑作用，這也是容易流血的原因之一。

生病之後，才發現輸血對有需要的病患何等重要。因為我本身B肝帶原，無法捐血；但在生病的過程中，輸了超多紅血球或血小板到我體內。我真的很感謝這些血液的主人，每一位都是我生命的祝福。我期待骨髓移植後體質轉換，有那麼一天，我也要去捐血！

想出院？沒那麼容易！

Oh My God! 住院住了大半年，一轉眼就到七月中了！今天姚醫師率領好多走路沒有聲音的醫生們進病房來，告訴我，再做一些檢查，確定狀況穩定，近期就可以出院囉！雖然當下我們兩姊妹才剛睡醒，還在發呆，但是醫生們離開病房後，我們忍不住歡呼感謝主，太美妙了！

但是就在隔天，我開始偏頭痛，輸血時又發冷……姚醫師只說要再觀察幾天就好。我想他也不想把我留在醫院，只是出院又被延遲了。

妹妹認真地告訴我，最近我很容易生氣。說起來真慚愧，我必須承認自己的脾氣的確變差了，非常容易不耐煩。前一陣子才差點死掉，現在又開始原因不明地接力發燒，導致得繼續住院住到要發霉……我似乎有一千萬個理由可以幫自己的情緒找藉口，但我真的不想這樣。失控的情緒不但傷害親愛的家人，其實也傷害自己。現在出院時間又被延後，我難過極了，脾氣會更差吧……很多事情說起來很簡單，實行卻很難。現階段我需要認清現況和接納！認清現在的我就是動作很慢、狀況很多；接納自己情緒上的軟弱，才能放鬆，不然一急又會開始凶別人。

而延遲出院，就當作鍛鍊心志囉！有如此多的機會獨處，我應該好好「當自己」，不要硬要保持開朗、正面的形象，這樣只會給自己很大的壓力，一有不順，就會隨時爆炸！給自己一點時間沉澱，反而可以調劑和適度釋放情緒。我一定是有比較好了，才可以想這麼多！

而那陣子就是那麼不巧，姚醫師來巡房的時候，我都在睡覺，因此他遲遲無法決定是否讓我出院。蔡醫師看到臉書上我為暑假營會禱告的影片後，建議妹妹，何不把我的恢復狀況拍給姚醫師看？於是妹妹靈光一現，策畫了一部影片，就叫「我要出院」！

影片中，一開始我先請爸爸偷偷站在我後面，當我很有氣勢地說著：「姚醫師，請你看看我的實力！」時，爸爸就在後面，偷偷和我一起將桌板高舉過頭！接著我下床來，拿著助行器奮力往前跨，展現自己復健的勤奮和進步。最後並搞笑地在護理站前回眸向大家說「嗨～」，證明我有良好的社交生活！護理站前的醫師護士們，雖然有點錯愕，但也都邊忍笑邊熱情地回應我！在鏡頭前，果然我整個活力都來了，笑果十足！感謝主，無論能走或不能走，我都還是個諧星……

我想，影片讓姚醫師和醫療團隊看了開心又滿意吧！之後大家看到我都會神祕地偷笑，姚醫師更是笑呵呵地來巡房，答應會盡快讓我出院透透氣。讓大家開心，還滿有成就感的。伴著喜樂，一週後，我出院了！

第五章
我出院了……才怪！

我還有好多想做的事情，我可不可以……繼續呼吸……

出院後一切都需重新適應

好不容易盼來了出院日，卻坐著輪椅回到家，還需要爸爸背我上樓。趴在老爸的背上，好心疼他年紀一大把了還要做重訓！我忍住沒有哭，心裡決定要化悲憤為力量。老是抱怨沒有意思，只會讓自己更自憐，我要開始規律的復健！

因為家裡有我的愛貓和愛犬，不適合免疫力不好的我，而且我的腳也還沒什麼力氣，所以我和妹妹暫時住到阿姨在寧夏路的電梯小套房。雖然出院，但來到了新的小窩，一切都需要重新適應；待在有空調的醫院大半年，溫度和濕度也需學著重新習慣。好險在出院前，我已幫自己做了心理建設，要慢慢接納即將來到的改變。記得在二〇〇七年，我去新加坡念聖經學院時，也有漫長的適應期，回想起來好有趣。有很多新鮮的第一次，也有很多的不習慣，但都充滿恩典和感恩。我期盼自己也要帶著這樣的心態，輕鬆面對自己的不一樣。

另外，沒想到想當「正常人」還得通過這一關——出院後，很開心可以跟妹妹到處逛逛，但她卻也很害怕帶我出門，因為只要感覺一來，我就要「大」出來啦！

出院讓我的運動量大增，因此長期臥床的大腸也 high 了起來；加上一直在到處有廁所的環境生活，我的「忍功」已大不如前……便便如果是硬的還好，如果是用拉的就慘了！

有一次，在自家附近用完晚餐，離開後肚子開始有感覺，這時我開始冒汗，想快走卻又得小心 hold 住……邊走還要邊禱告跟鼓勵自己的括約肌……妹妹緊張地牽著我、幫我開路，結果還是在我家樓下全「跑出來」了！天呀！我一邊唉唉叫，一手拉著褲子，因為我實在不想把樓梯口和電梯弄髒……超級無助和狼狽，我很震驚自己會有這樣的一天。回到家中，其實最辛苦的是妹妹，每次發生這種事，她就要幫我洗褲子、撿大便，還要清理滿身屎的我。但我也不是每次都失敗啦！也是有讓馬桶接殺成功的時候，只是偶爾在坐上馬桶前，還是不幸會掉幾顆在地上……不過上帝都有預備，以前我養的小狗就很愛在家裡亂大小便，所以我們一家都很會清理，哈哈哈！

昨天，家裡出現了中型德國蟑螂，妹妹驚恐大叫，我的戰鬥力卻被激發了！帶著要消滅低沉、重新出發的決心，赤著腳一腳踩下去！蟑螂當然死了！我心裡真有說不出的爽快呀。雖然身體狀況有些改變，但我還是我，一點一滴都在進步中！

意外的不速之客：再次發燒住院

出乎意料的，才逍遙一下，我又發燒送急診了。心情上有沒有比較能學會自我調適？有吧……之前給自己的心理建設，讓我為這次可以出院一個月感恩；雖然又莫名發燒有夠討厭，但我可以比較堅強一點了。

困在急診室的第三天，終於有空病房可住！在急診室的日子，除了持續發燒，還需要練習在搞不清楚黑夜白天、龍蛇混雜的環境中生活。昨夜就有一直發出羊叫聲的阿婆與一直大便的阿公。妹妹也辛苦了，連續三個晚上都坐著睡！

終於住進病房，精準用藥有了效果，發燒被控制住，但巨細胞病毒又失控了。血液科病人總是被很多「數字」控制著，因為身體情況的好壞，需要透過抽血和尿液檢查得到數字，首先是與一般正常值比較，再來是與個人個別的體質比較。醫生必須觀察出患者個人的「正常數值」，好做評估和診斷，因此醫生知道我的小巨數值到多少，就會開始破壞我的身體。唉！在這免疫恢復的過渡期，我可能就是一直被打好玩的。在醫生的經驗中，有些病人數值高得嚇人，但都沒有臨床上的傷害；而我卻是只要高過一般值一點點，小巨就會去逛我全身，要更加謹慎。

實在很厭倦！但比較之下，可以住進病房治療太好了；妹妹可以躺著睡覺太好了；可以查出病因、有好的團隊照顧我真是太好了！所以，我就別「唉」了！

不過說實話，住院真的好無聊……

「不行，我不想再這樣下去了……」我心裡正想著要做些什麼事情，隔壁床又響起「啵、啵、啵……」的節奏。「又開始了。」我無奈地坐起身。這是拍痰的聲音，隔壁的阿嬤因為肺部積痰，所以印傭得照三餐扶起阿嬤，凹著手掌為她拍背，讓痰不要黏在肺上，可以抽出來或咳出來。

在病房常常聽到這種聲音，每次大概會持續十分鐘！聽我媽咪說，她大腸癌住院時，人不舒服，「啵」聲讓她都要崩潰了。我是還好啦，索性就照著啵啵的節奏跳起舞來：機械舞（妹妹說像元宵花燈）、眉毛舞（隨節奏挑眉）、鼻孔舞（隨節奏控制鼻孔大小），樣樣都難不倒我！因為不能太吵，我們都憋住不笑出聲音，笑到肚子都痛了！累到躺下來時，忽然聽到印傭加快節奏，我就躺著搭上節奏騎起馬來，實在好好笑！不管是聞「啵」起舞，還是聞「啵」騎馬，這一切妹妹都拍了下來，後來還與隔壁的印傭妹妹分享，她也一直笑！我想以後拍痰時，她就可以研發更多的節奏了，哈哈。

而若不是這樣的親身經歷，我恐怕無法學會好好體諒人在病痛中的辛苦，可以退一步為別人設想。在醫院中，看過大大小小的緊急狀況：夜半的急救，機器不斷發出嗶嗶聲，醫護人員也進進出出，使我整夜無法入眠；正在用餐時，聽見隔壁的阿嬤在便盆椅上大號的聲音；甚至有時候遇到比較焦慮的病患和家屬，他們的生活習慣和對話，也會讓我很煩躁……只隔著薄薄的布簾，很難不互相干擾。

當我失去行動能力時，行動慢且不方便，這時才知道無障礙設施對身障者有多重要。我想沒有人想要成為麻煩或干擾吧！都是有一些原因的。在這過程中，老實說我還是會覺得煩，但好險後來總是可以靜下心思想，就能去體恤、去原諒。人生中難免有需要被體恤和原諒的時候，所以「得饒人處且饒人」囉！在遇見煩心事的時候，幽自己一默，可以放別人和自己一馬。

自從發現綠膿桿菌會黏在我的鼻腔中，使我發燒後，我就開始「每日一洗」的鼻子保健。用機器藉著氣體將藥水和食鹽水混合，噴到鼻腔中，避免綠膿桿菌在鼻腔內發炎和作亂。而每天早晨，醫師來查房也會多做一件事情，就是凹著食指，用指骨敲敲我眼睛下方的骨頭，看看會不會痛；有時也會到處按按捏捏我的臉，觀察水腫狀況。每次螳螂人來，除了很快速地在我的病房移動，也會直直地走向我，東敲西敲，認真地端詳，捏捏我，然後再喃喃有詞地離開。妹妹對我說：「妳的臉那麼好笑，為什麼螳螂人都不會笑出來呀？」說真的，生病後我的臉部肌肉超放鬆，看起來是有點呆……

這次的住院醫師剛剛上任，來查房時也是這樣敲敲、捏捏。但是，今天他捏了捏我的臉後，竟然不小心笑出來了！妹妹在一旁也笑了，她走過來想幫醫師解圍：「你說，她的臉很好笑才害你笑，對不對？」醫師尷尬地笑著離開病房，留下我一臉呆的繼續坐在病床上，和仍然笑個不停的妹妹。**原來，不用用力，放鬆的狀態也可以搞笑呀……**有些事情果然是「天生的」。

「給你翻翻翻一百個白眼！」唉，我的人工血管又不通了。它近期的狀況很不穩定，有時通了，有時又秀逗，常需要從手打軟針才可以打點滴，但藥物的刺激讓我的手臂很痛！所以我都會請護理師盡量幫我通人工血管。有位值班的護理師很盡責的試著通血管，試過幾次之後，居然當著我的面說：「浪費時間，不如直接打軟針。」……當下我好難過喔！感覺很不好。老實說，她說的沒有錯，但不通又不是我願意的，我只是想要在病痛中，爭取一點小小的「不痛」。折磨了好幾天，注射「抗凝血劑」又讓我鼻血直流；最後護理師團隊終於找到一個方法，就是多花點時間注入多管食鹽水，人工血管就越來越順了。

發燒逐漸被控制住了，我外在的生理狀況（精神、食欲、體力）也都有起色。每天拿著助行器在臺大醫院的十二樓通道練走，從D棟走到A棟，從血液科走到眼科，再走回來！走一步，鏘一下，走一步，鏘一下……每回爸爸都陪在我的身邊慢慢走，每當我停下休息，不想再走的時候，看到他圓嘟嘟可愛的樣子，就又能打起精神繼續努力了。因為看著他，會讓我想起很多愛我的人，所以加油，繼續鏘……

練著練著，漸漸的我已經可以跟助行器說掰掰了！接下來的新招就是扶牆壁和腳開開，因為肌力還是不夠，所以走路時需要讓雙腳與肩同寬，甚至更寬，這樣就能走穩一點。如果再上配「嗯……嗯嗯……啊……啊啊……」的聲音，真的就是天然的「陽婆婆」了！

但抽血檢驗的結果，巨細胞病毒指數仍然不穩定，我得繼續住院。何時我的免疫力才能壓制它？沒有答案。心情真的有點沮喪，面對藏在我身體裡的小巨，醫師安慰我，說保持快樂心情，就有助血球生長，免疫力就會提升。

「好煩喔!!……」妹妹看我似乎要「發作」了，於是向病房請假半天，帶我去當公主（做臉），順便逛夜市。出門前，妹妹還把她選購的新玩意兒——白雪公主道具服給我穿上，說要處罰我昨天趁她不在，偷懶沒練走路。本來懶洋洋的我，一出了醫院就變得生龍活虎！

為什麼說做臉是當公主呢？又要開始想當年了……四年前，我認識了一群很特別的姐妹，她們都是專業美容師，任職於一家連鎖美容護膚機構。店長自己就是一位凍齡美女，更以聖經的價值觀經營管理著店面。當初因緣際會，有榮幸參與她們聖誕節節目的編舞，使我大開眼界：竟然有這樣一群年輕漂亮又專業的姐妹在我的教會中！活動結束後，受她們的邀請免費去做臉，去一次我就黏住了！根本就是公主的待遇呀！

平日我的工作就是東奔西跑，騎著腳踏車到處闖蕩，有點像是代父從軍的花木蘭。第一次走進店裡，聞到淡淡的香味，服務人員輕柔的招呼我，讓我覺得自己恢復了女兒身，動作和聲音都輕柔了起來，好好笑。換上柔軟的浴袍，躺在舒服的按摩床上，聽著詩歌的水晶音樂，所有的壓力和重擔感覺「呼」地一聲全散去了。

她們先輕輕地幫我洗臉，然後雙手靈巧地在我的臉上滑來滑去做按摩，接著又蒸臉、除粉刺、敷面膜，這些說真的都可以DIY，但平常我哪有這個閒情逸致這樣照顧自己呀，現在可以舒適地躺著享受這些服務，覺得自己簡直就像是公主！不只臉部極其舒服，還有肩頸、頭殼、手腳和背部都幫你揉揉捏捏……結束後，換好衣服，還親切招呼我喝杯花茶和小點心，有個溫柔秀氣的ending！

過去我一個月報到一次，兩個小時中，就像來到了補給站，身心靈都可以好好休息。美容師小靖在我化療到「咪咪茂茂」時，還特別到醫院為我服務。骨髓移植前，我也曾來這裡報到。那天做完臉後，妹妹對著我哈哈大笑，原來是我因化療掉毛的副作用，使得本來就稀疏的眉毛，在按摩過程中全都掉光了！當時那沒有眉毛的圓臉，看起來好像青蛙呀！

「最後請幫我姊把毛修一修，也順便把鬍子刮一刮喔！」隔壁床的妹妹突然出聲，我們都笑了！在移植前，因為接受化療，我的毛髮都掉光光了；移植後，卻因為服用抗排斥藥物，其中一個副作用是「多毛」，因此我的頭髮往上衝，也有了蠟筆小新般的眉毛，嘴邊的「小鬍鬚」還濃密到看起來黑黑的。加上放射線治療讓我的膚色不均，黑黑花花的，和嘴巴四周的暗沉組合起來，真的就像有一圈鬍子的賣魚大叔，簡直就是吳偉大「現身」了吧……非常好笑！

凍齡店長月桂姊，為了保護我，照例浴袍和毛巾全都開新的！也加強身體按摩，但都特別控制力道。我真的好感動也好感恩，因為上帝奇妙的愛和牽引，讓我認識這麼一群美麗的姐妹；更在我有需要的時候，用她們的專業來祝福我！躺在小床上，我的心裡很激動，心情也很不一樣。過去我來到這裡，她們讓我的身心靈得到休息；但現在我來到這裡，她們為我所做的，讓我感覺到身心靈甦醒了！

時序推移，默默就到了中秋節。過去每年的中秋佳節，我總是會帶著大專生或是高中生一起舉辦烤肉大會。從採買、處理食物到生火起爐灶，還有烤肉的過程，全部我都玩得非常開心。最特別的一次是去學生位於陽明山上很大的家烤肉，因為他們都是小廚師，食材挑選和烤肉技術都一級棒，讓我大開眼界，也大飽口福！

雖然今年無法享受真正的烤肉，但可愛的妹妹約我烤棉花糖。我們準備了安全的燭臺，用筷子插著棉花糖，準備開烤！

「靠那麼近，會不會燒起來呀？」我才開口問妹妹，說時遲那時快，就燒起來啦！變成棉花糖火球！在驚恐當中，妹妹迅速傳球給我，轉身，一個箭步，拿起水杯救火，安全過關！第一次烤糖失敗……

有了失敗的經驗，第二次我們保持安全距離，不疾不徐，果然就吃到了皮脆心軟的溫熱棉花糖，那奇妙的好滋味，讓我們姊妹倆吃得心花怒放，真是好吃又好玩！我們有了以下心得：烤糖請注意：糖兒碰火，會變黑；不轉動，會起火！若起火，勿驚慌，吹熄就好！

好想「真的」出院

一個多月後，終於可以出院了！這是今年第二回出院，但回家沒幾天，我就開始發燒、狂流鼻血，還引發中耳炎。耳朵超痛，還流組織液，又是一週後就回急診室報到了。很無奈，卻也有點新鮮啦！因為這是我第一次得中耳炎……五官就剩耳朵沒事，卻終究還是淪陷了，真可惡！

在急診室待了兩天，因為並非緊急狀況，被安排在舊院區的「八人病房」。「八人房?!該不會是通鋪吧……」妹妹說。帶著緊張和不安的心情，家人陪我走進病房。映入眼簾的，是古色古香的建築和中庭茂盛的樹叢。夏蟬有精神地唱著歌，真的好像住在古蹟裡。我與七人同住，每一層的樓梯旁設有洗澡間。

「哇靠！這，這是夏令營嗎……」我和妹妹覺得很新鮮。且這裡多半是老年病患。

一天傍晚，我們感覺到有人在拉家屬休息床旁邊的布簾，接著布簾被掀起，一位滿頭白髮、一臉皺紋的無牙老婆婆在對我們笑，我和妹妹嚇了一大跳！兩人驚恐地問她：「妳要幹嘛?!」但老婆婆只是繼續對我們傻笑，我們隨即明白過來：她一定是失智了才會這樣。便從驚嚇轉為哈哈大笑！但接著就聽見婆婆的兒子大聲罵她，我們連忙回應沒關係；這樣的情況不只發生了一次……後來我們會跟婆婆揮揮手和微笑，但她的兒子還是好凶，他甚至對失智的婆婆說：「再掀，把妳的手綁起來！」搞得我們很尷尬。但我相信她的兒子是愛她的，不然怎麼會每天都親自來照顧？只是還不太知道要怎麼面對這樣的情況吧！

我在醫院遇見過很多長輩，有慢慢走的、坐輪椅的、扶枴杖或助行器的、躺著的……讓我有很多省思。人生最後一段路的光景，我們雖有期待，卻都很難想像；尤其想起身邊的家人和親友，心裡難免有些擔心。但感謝主耶穌，二〇〇六年我曾經擔任香柏牧區的幹事，在史雲光牧師和師母的教導下，我學習到如何與長輩相處、尊榮長輩，努力做最好的幹事！在那裡，我深深的被疼愛，也學習到做晚輩應有的態度。

香柏牧區卻也是喪禮最多的牧區，一開始還真不知道要怎麼做，之前還一起相處的長輩，卻一個個回天家了……但過程中，我看見這些長輩走得那麼有尊嚴，並且是安息主懷！教會的喪禮很特別，家屬朋友齊聚一堂，一起懷念死者的過往，牧師的鼓勵給在場的人帶來盼望，大家都相信人雖安息了，但只是先去主那裡，以後在天家都會再相聚。雖然還是會難過，卻真實的充滿平安。

「信耶穌得永生」是句實在的話，人生的終點絕對不在於肉體死亡，人的肉體雖會慢慢老去，但這幾十年累積的寶貴經歷，無論是喜是悲，永遠不老，都在耶穌基督裡存到永恆；每一位長輩白髮的背後都訴說著六十年以上的歷史，在人生的黃昏時刻，所有的往事，都在耶穌基督裡化為美麗的雲彩。即使長眠，也會成為夜空的星星。

……想到這裡，又聽見隔壁的兒子在罵婆婆了。才剛換好的床單，又被婆婆尿濕了。她的兒子又凶又可憐地咆哮：「妳怎麼這樣啦？妳就是要糟蹋我嗎?!」我和妹妹彼此對看，想起婆婆傻笑的臉，雖然很同情兒子的處境，但還是偷偷地笑了。

奔跑吧！瑋萍！

妹妹又有新點子了！她看我拋開助行器後就「唱邱」（囂張）起來，都不練走，一方面想誘使我多練習走路，一方面想要藉此謝謝關心我們的血液科醫師，所以自拍自剪了一部影片：「奔跑吧！瑋萍！」

拍攝過程中，除了「螳螂人」劉醫師有些反抗外，其他的醫生們雖然不明白我們要搞什麼鬼，但都笑容可掬地配合我們。妹妹雖然曾因醫生們的單純笑容一度有些愧疚，但為了藝術還是忍痛完成且發表，真的很謝謝大家參與我們的異想天開！她把影片剪成恐怖片，配上懸疑又驚悚的音樂，描述我在古色古香的臺大舊院中，無論在哪裡都遇見不同的照護醫師。

故事一開始，我獨自一人在病房中，感覺有人在看著我，一回頭就見到了神出鬼沒的「螳螂人」！然後又不見了！我驚恐地出去追查，在廁所內，一開門就見到好人臉的林醫師親切地對我微笑；在走廊的轉角又遇見了憨憨的楊醫師，而在樓梯間則遇見了難得沒有皺眉頭的馬醫師！疲累地回到病房，掀開棉被，每天無微不至的照顧我的胖爸竟然躲在裡面跟我做鬼臉！這個影片的主旨是要表達醫療團隊和爸爸「天羅地網」的關愛和照顧，也表達出我雖然有時會覺得不耐煩，但內心真的充滿感恩。這影片後來還在血液科的會議中播放，用來向醫生們說明「活教科書」的復原情況。

從此之後，妹妹就玩上癮啦！我們還陸續拍了護理師律妏「愛在12D」的相親影片、吃早餐影片、草泥馬之歌、偵探影片……每部都叫好又叫座，有興趣者請上臉書吳瑋萍粉絲團笑一笑啦！

其中一部佳作叫做「瑋萍逃走中」，主要是要展現出我對樓下咖啡店早餐的渴望。妹妹剪輯了日本綜藝節目《全員逃走中》的片頭，而我們的劇情也跟綜藝節目一樣，就是要在時間內，在醫院中躲避獵人（護理師們），然後到達目的地完成任務。遊戲開始，我神經兮兮地在病床上假睡，翻身時就躲到簾子旁探探外面有沒有人；偷偷摸摸走出病房後，恰巧門口掛了一件照X光用的隔離衣，我就仿效忍者隱身術，從衣服後面轉身而出；接著在護理車後鬼祟地躲藏，然後又迅速跑到護理站下蹲大馬步（展現我腿力的進步）張望，這過程中其實護理師們都認真地在工作，看到我跟妹妹在那邊忙來忙去、走來走去，好像也習慣了，根本不想管我們，好好笑。最後，怎麼能少了被獵人追的緊張橋段呢？我們就情商已下大夜班的林珊來追我。有人追，我走得多快呀！於是終於到達電梯，下到B1，滿足地吃到早餐，任務成功！

拍攝影片讓我們跟護理師以及血液科醫生們都玩得很開心，我想，他們在忙碌的工作中，可以拍拍「好笑影片」，也算是一種紓壓方式！也很感謝神讓我們與許多護理師成為好朋友。

聖經上說：「我（神）是阿拉法，我是俄梅加，我是始，也是終。」創造天地萬物的主上帝其實就是我們人生的大編劇、大導演，這是一個開放劇場，神給我們自由意志選擇自己該怎麼演，如果我們願意信靠祂，祂絕對會告訴我們「我」這個角色該怎麼演！我常常在想，上帝一定派了天使來拍攝和記錄，拍下我昏迷時，家人和朋友們的擔心；拍下爸爸背我上樓梯時，我趴在他背上的表情和心情……點點滴滴，都在上帝的掌握之中。我們若願意把我們的心回轉向創造的主，祂知道生命的開始，當然也知道生命的結束！

雖然我不知道生病到康復這段戲要演多久，**但我全心相信我的導演有安排、有美好的心意！願我在每個段子中，都有最好的表現。**

繼續戰鬥的路上，我學到許多事

「螳螂人」劉醫師今天咻咻地飛來，他說我這幾次發燒住院都是綠膿桿菌惹的禍，之前打抗生素一直都沒有徹底殺光，才會導致這次耳朵發炎。而且這病毒很會鑽，所以要繼續在醫院打藥一陣子才能出院，真的需要打起精神繼續戰鬥。

這一年來，沒事就發燒，好像一直抽到「發燒一次」的卡片，重複玩著「出院一下子又住院很久」，還有「冷到皮痞痞挫照保暖燈，然後吃藥退燒後就大流汗」的遊戲；這兩個遊戲都很難玩，而且一直重複我很膩……也因此讓我很懼怕耳溫槍，它都會宣判我的命運。每次我出院回家，睡前妹妹就會一直拿耳溫槍測量，三十六度多正常，她不信，還要換耳朵確定；三十七度多就緊張，三十秒後又再量一次；最討厭的是三十七點八或三十七點九，得一直量一直量，又怕又得確定到底有沒有問題，真的很煩也很好笑，總是要ㄍㄧㄥ到不行才願意掛急診。

綠膿桿菌真是把我折磨慘了，牠藏在我的鼻竇裡，每當我看到綠鼻涕，就知道牠在裡面作怪，偏偏免疫力不好的我又打不過牠。不過真的要感恩，找到凶手，終於可以對症下藥；找到真相，就表示我又向前進一步了！

另外，因為醫療上的需要，我總是一再地與「必須卻很討厭的小玩意兒」過招，它們就是——各種不同功能的針。過去打針、抽血我是沒在怕的，但從開始住院到現在，抽血、軟針、人工靜脈導管、人工血管，還有疼痛度第一名的局部麻醉針，讓我終於知道要怕了！

細細的針，其實是重要的媒介，負責我的身體和醫療團隊之間的溝通，抽出來和打進去的，都是為了獲得更多訊息，也使治療能夠繼續。最痛的麻醉針，卻也幫我降低每個治療過程中的疼痛感；我覺得打麻醉針好像是一個「conviction」（知罪）的過程，我們需要去面對並承認我們的過錯和軟弱。而打完麻藥後，需要揉一揉，等待藥物生效，才能繼續進行治療的下一步，這就像是知罪（打麻醉）後，若願意認罪，痛定思痛，加以改變（手術），之後就不會痛了！接著上帝就要一步一步地修理、治療和恢復我們。在過程中也許又會痛了起來，此時神會親自成為第二劑麻藥，讓我們可以繼續改變。手術結束，等待麻藥退去，雖然依舊會有疼痛感，但心中卻是充滿平安喜樂，因為我已經得勝了！

好吧！你們這些必須又討厭的小玩意兒，謝謝你們幫助我的身體走在得醫治的路途上。

今年被「關」很久，放出來的時間很短，但我還是很需要跟世界、和人群互動一下。病情穩定一點後，就常向病房請假。我不想再錯過夏天了，一定要外出走走。好姊妹花蕊會在休假的時候，開車帶我去兜兜風。看到久違的大海和藍天，呼吸著大自然的新鮮空氣，心裡很激動……看著無邊無際的海洋和藍天，我的心就開闊、自由了起來。這熟悉的悸動，讓有時幾乎被病痛和治療折磨到我都懷疑起自己了的我，確定「我還是我」。也許身體狀況大不如前，但是仍然那麼喜歡藍天大海！

除了要重新適應自己的身體，也要慢慢的與世界、人際關係重新接軌。雖然走不穩，但我已脫離拐杖和助行器了！巨細胞作亂造成的永久性的視網膜上的疤痕，雖然讓我看不清楚，但至少還可以看見；免疫力還在重建中，雖然虛弱，但已經進步很多了！

我的心迫不及待想重新擁抱世界、回到原來的生活圈；但我深知這過程中上帝要陪我一步一步走，重新鍛鍊我身體和心靈的肌肉，才能開始不一樣的新生活。

祝我生日快樂……發燒退散！

病毒似乎有 upgrade 的趨勢，所以這陣子體溫都在及格邊緣，只能調整藥量，卻還是無法出院……但姚醫師已計畫把我轉回新大樓的12 D病房，就近照顧，好預備出院！雖然看似沒有進展，不斷延宕，但其實總是有一些小小的恩典在發生中！就像酷熱的夏天中午，偶有一陣涼風吹來，使人舒服滿足。我想出院應該快了，快了！

從夏天一路住院到現在，又快入冬了……祝我三十二歲生日快樂！早餐享用了教會牧者帶來的美味生日蛋糕，身披學姊送的暖巾，不自覺地一直哼著詩歌；下午親如家人的學生送來精心收集的各方祝福。我從一大早就開心地四處走動，一副就是要全世界的人都知道我今天生日、晚上要去吃大餐的樣子。護理師們也都感受到我的喜樂，紛紛給予祝福！

「準備出發囉！」爸爸說。其實我老早就換好衣服，等著去吃大餐的這一刻了。五點多，晚班護理師來查房，一量體溫，她便大叫：「瑋萍，妳當我沒來過好了！」是的，三十八點三，又發燒了！一家四口互看一眼，有些無奈，但不想壞了原本的好心情，就決定去美食街買好吃的牛肉飯吧！雖然只能待在醫院，但全家人在一起我就很滿足了！只是很鳥的是，這家餐廳的品質不如以往，便當中的牛肉和洋蔥都還白白的，沒有入味，飯和茶碗蒸也都是冷的，讓我很失望。

正在怨嘆之際，有人進到病房，原來是貼心的表弟和太太帶了巧克力蛋糕要給我生日驚喜！我們全家開心地張羅起來，準備切蛋糕了！看著一起長大的表弟，和大腹便便的弟媳用心地來給我慶生，這份真情、這份愛，就是最大的祝福！生日的happy ending，不ＮＧ的蛋糕，讓我們每個人都好開心。

三十二歲的我，身體裡面有個二十三歲男生的幹細胞，支持著我的造血系統。我還和從前一樣，卻也不一樣了。看著蛋糕上的蠟燭，帶著感恩，呼，吹熄它！生日快樂！

小巨！才不會輸給你！

剛跨入二〇一二年，我又發燒了！經過一週的治療後，感謝神，一切穩定，可以回家過農曆年！生病兩年來，終於在家吃年夜飯，真好！因為病情已穩定不少，今年的年夜飯吃得更是有信心、有盼望！

爸爸照例掌廚，準備了健康的旗魚火鍋，還有我們家過年一定會吃的「老吳蚵仔煎」！這可不是一般的蚵仔煎喔！雖然一樣是用麵粉下去調，加入大量的蔥末、芹菜末、香菇、蝦米和蚵，但調味後，費工的來了，要將這鍋液狀食材，在鍋中拌炒至粉凝結成透明的塊狀，這樣，老吳蚵仔煎就完成啦！我超愛這一味，用筷子夾住並扯下一塊來吃，滿嘴「Qㄉㄟˋㄉㄟˋ」又摻著「貢貢香」的配料和鮮蚵，好吃極了！老吳真厲害！

回首今年的生死關頭，享受著全家團聚的美好，這頓年夜飯吃得格外感恩！全家牽著手一起謝飯禱告，每個人都分享了感恩的事；一起吃著美味佳餚，邊看電視邊鬥嘴，這就是我甜蜜的家呀！

二〇一二年二月十一日

瑋萍因為巨細胞病毒又攀升，週四開始住院打藥。而且她這陣子也覺得視力有點模糊，剛看完眼科，發現巨細胞病毒又來攻擊她的眼睛，而且比之前都嚴重，直逼眼睛的中心點。目前先觀察打藥情況，若沒辦法改善，下週一要直接進開刀房，把藥從眼球打入，而且一週至少要做兩次這種恐怖治療，讓她有些不安。請大家持續為她的健康及信心禱告！（佩錚）

眼睛的事情讓我很恐懼，右眼之前做了三次恐怖的眼球注射手術，好不容易保住了，怎麼又來了！這次小巨的攻擊比之前更猛烈，我的兩眼都淪陷了！我的免疫系統呀，你嘛幫幫忙，加油，好嗎?!我對眼球注射和失明有極深的恐懼，想起當時痛苦的過程，和未知的下一步，整個人掉入憂愁的深淵。

幸好，在上教會時我得到了很大的鼓勵和安慰。光哥和榮生哥都為我禱告，我知道其他弟兄姐妹也為我守望。想起年初，我將今年定為「勇敢年」，沒想到，馬上就要練習「勇敢」了！而且要信靠神而「勇敢」。上帝將祂的平安放在我心中，就像聖經寫的，「不要怕，只要信」。祂會醫治我，與我同在，所以就算要拿針刺眼睛很恐怖，但如果會好，也沒關係。反正我已經打定主意，看得見看不見、看得清不清楚、能走不能走……只要活著，就要服事上帝。

帶著鬥志進手術室打針，因為我真的很氣那個臭病毒，所以我不哭了。雖然還是怕得要死……用講的叫自己勇敢很簡單，要去面對和經歷卻真的好難……但是我深深相信耶穌與我同在，就撐一下！

打了五次針以後，眼科醫師評估我目前的免疫力太弱，還是需要繼續打。我心裡很難過，這樣密集的治療，真的讓我很吃不消。

二〇一二年三月四日

瑋萍最近身體狀況很多，除了病毒攻擊眼睛、前兩天身體癢到睡不著，今天白天則是出現幻象，目前還在排檢查找出原因中（因為之前曾發生巨細胞病毒入侵腦袋，所以大家皮都繃很緊）。今天的她發出了生太久的病，不耐煩地大怒吼，苦苦哀求免疫系統趕快長好一點。（佩錚）

二〇一二年三月十一日

姊妹時間！

趁著瑋萍無法反抗，妹妹要玩親瑋萍的遊戲，看到她害怕的表情，真、好、玩!!（我們是在玩，我沒有欺負她哦。）拍完照後，她覺得自己臉很圓，賭氣要減肥，請大家勸勸她！（佩錚）

二〇一二年三月十二日

瑋萍今天測巨細胞病毒指數，又偷偷升高了！原本要再補充幹細胞的計畫有可能因此延遲，不過即使補幹細胞，也是一個有風險的治療方式，所要面臨的排斥反應與體內病毒的壓制狀況是無法預測的。知道大家都很關心她的狀況，請大家為她接下來要做的每一項治療順利、所使用的藥物及治療方式不會傷害她、而是讓她血球、免疫力越來越好來禱告哦！（佩錚）

不只眼睛，小巨又來逛我的腸子了，害我「烙賽」烙了一個星期，已經禁食了，還是一直烙賽。加上不斷的發冷發燒，一切真是又煩又機車。我躲在上帝後面跟你拚了啦！恢復的路真的很難走耶！禁食是為了保護腸胃，但妹妹看我可憐，都會掩護我，讓我偷吃一點東西……好笑的是，每次都會被護理師抓包，對我軟性勸阻。

有一天，忍過了白天，但晚上還是破功了。禁不起腦海中辣吻仔魚御飯糰的誘惑，又偷偷開吃了。我這次還很機伶地預備了小被子放在一旁，一邊看著病房拉簾底下的腳步，隨時警覺護理人員的靠近。沒想到這一次的訪客竟然是姚醫師！我馬上將吃到一半的飯糰蓋在棉被裡，若無其事地回答姚醫師的問題。在對話即將結束的時候，姚醫師狐疑地吸吸鼻子問：「什麼東西那麼香呀？」……唉！我知道事跡敗露，拿出了飯糰，無辜地說：「姚醫師，我……偷吃啦……」一旁的林醫師都忍不住要笑出聲音了。而姚醫師雖然不忍心責罵我，但表情也是怪怪的，讓我好羞愧喔……每天抓我包的小護士，應該也覺得我偷吃的技術真的很不高明吧？

姚醫師發現的那一刻起，我決定洗心革面，把最後一口飯糰丟給妹妹，說我以後不偷吃了，哼！

基督徒，不適合偷偷摸摸和撒謊……

二〇一二年三月三十日

在與巨細胞病毒對打的住院過程中，瑋萍還一面偷偷的「上班」。上什麼班？將每天洗鼻子的藥瓶做成希望種子，搭配親筆寫的小卡片，小小心意，想送給溫暖她的每一個人。慢慢的、慢慢的、開心的做著，希望下一個收到希望種子的你也歡喜快樂，將希望傳送給更多人！（佩錚）

折騰了兩個月，還是慘敗。巨細胞病毒不減反升，會傷害腎臟的抗生素還是需要繼續打，我實在很沮喪……但我曉得，這一切還是要自己面對。除了禱告，支取從神來的勇氣以外，我開始做手工藝，希望我的心可以慢下來，不要焦躁，安安靜靜的做。

只有拇指大的小小玻璃罐，是我洗鼻子的藥水罐，因為每天要用掉兩罐，我收集了滿滿的一大袋。在這苦悶的日子裡，有天我靈光一現，想要來做小小紀念品，送給愛我的親朋好友，謝謝他們陪伴我度過難熬的治療過程；也希望藉著我親自使用過的小藥罐，帶上我的祝福！因此就和妹妹商量，決定做三款：「信心」「盼望」「愛」。

「信心」小罐子中要放的是比黑芝麻還小顆的芥菜種，因為聖經上說，我們若有一顆信心像芥菜種，就可以移山了。希望可以鼓勵人不要小看自己的信心，那將是夢想的開始。「盼望」小罐子中要裝「麥子」，因為「一粒麥子落在地裡死了，就生出許多子粒來。」希望可以祝福收到的人，面對挫折或困難時，要心懷盼望，不要輕易放棄。「愛」的小罐子中，我放入的是一種很特別的小種子：心豆。它是綠豆大小的黑色種子，但上頭有一個明顯的白色小愛心，多麼精緻的創造呀！心豆發芽長出來的植物其實只是不起眼的小草，但它的種子卻如此奇特有趣！它像在訴說著神愛的本質，無論多麼微小的創造物，祂都在意，何況是以祂的形象創造出來的人呢！

決定好內容物後，妹妹幫我做了寫有「信心」「盼望」「愛」的標籤貼紙，最後綁上寫好姓名的小卡，就成為很精緻的小玩意兒了！

有時候我會做到不小心哭出來，因為我一邊製作著，一邊跟神禱告，我也想要信心、想要盼望、想要愛，因為困在疾病中的我好苦悶。有時在寫姓名卡片時，想到心愛的朋友也會情緒激動，但擦乾眼淚後，就又有力量繼續寫卡片，繼續期待。

拉肚子一週，這兩天終於好多了。姚醫師幫我申請了一個特別的實驗性治療方式，就是把我的淋巴球抽出來，用特別的醫療科技訓練我的淋巴球成為可以對抗巨細胞病毒的特種部隊，再輸回我身體裡打仗！聽起來超酷的，希望能夠順利進行，真的把我體內的巨細胞病毒殺光光！

二〇一二年四月十五日

最近瑋萍除了不明的發冷發燒頻率更密集外，還開始咳嗽和喘不過氣。由於巨細胞病毒的檢驗部門調度的緣故，無法檢測，所以也不清楚目前巨細胞病毒是否有被控制住，因此也開始擔心現在的不舒服會不會都是巨細胞病毒引起的。若巨細胞病毒入侵肺部，是一件非常危險的事情，目前還沒有好的醫療用藥可以使用。請大家持續為瑋萍的身體，也為整個醫療團隊禱告哦！（佩錚）

二〇一二年四月二十五日

請大家為瑋萍代禱，她連續發燒超過兩週了，檢查出體內有巨細胞病毒、黴菌、細菌……等麻煩的壞東西，而且肺部也被感染，這是最危險最難控制的一種感染。明天要做支氣管切片，求神保佑！醫生也很緊張，將她列入隨時會失去意識，需要插管的觀察名單。**Let's pray!**（曉薇代）

因為這陣子小巨太囂張，雖然已持續打藥抑制小巨，但X光檢查中，發現肺部有一點纖維化的跡象……姚醫師也擔心是否是小巨在肺部作怪，但又不是很確定，加上肺部的感染非常危險，弄得人心惶惶。因此姚醫師決定要做支氣管切片檢驗。虛弱的我躺在病床上，聽到這個決定，真是晴天霹靂，馬上想反抗……這陣子已經被小巨整得夠慘了，加上不明原因喘不過氣，都無法好好睡覺休息，現在還要接受聽起來就好恐怖的檢驗……

「蛤……姚醫師，你要切我喔……」我可憐兮兮地說。

「妳別說得這麼恐怖嘛……是切片！」姚醫師解釋。

「啊不就是切……」我哀怨地說。

「切片才能找出原因呀！」姚醫師試著安慰我。

戴著氧氣罩已經好幾天了，鼻孔不斷充氣，好不舒服。白天翻個身、坐起來，簡單的動作都讓我喘得要死，只好一直躺著不要亂動。夜晚常常因為忽然吸不到氣而驚醒，然後反射性地緊張，想要多吸一點，結果越急就越吸不到，感覺好恐怖……為了不讓家人乾著急，我讓自己靜默，心裡就是想著耶穌，向祂禱告，求祂幫助我冷靜、不要慌張，默默地為自己數拍子，不要急才能好好吸到氣。

可能是我唉唉叫看起來太可憐，隔天姚醫師就先暫緩切片，但超音波檢查結果確實發現我的肺部有積水，需要局部麻醉把水抽出，觀察喘的情況是否有改善。肺部抽水還不是一樣恐怖，雖然不用切什麼下來，但要開一個洞，把管子放到肺裡欸！

抽水以後，還是一樣喘。

在一個幾乎喘不過氣的夜晚，真的覺得自己「差不多」了。去年七月腦部開刀陷入昏迷，對死亡沒有什麼感覺；但這次我意識清楚，但卻吸不到氣，感覺真可怕，死亡似乎離我好近好近。努力忍住不要驚動好不容易入睡的家人，流著淚，我想起了許多人，還有許多酸甜苦辣的回憶，徜徉在感恩的大海裡。我跟上帝禱告：「主呀！因為我有祢，死亡不可怕，死了就去祢那裡。但是……我捨不得離開我愛的家人和朋友，我還有好多想做的事情……我可不可以……繼續呼吸……」

在病床上，聽著呼吸器發出的嘶嘶聲，感受著自己的心跳和氣息，心裡很激動也很無助；眼睛除了流眼淚，也到處看，看看耶穌會不會出現，更仔細端詳我熟睡中的家人……心中複雜的情緒難以表達。感謝耶穌，最終我還是睡著了！

幾天後，姚醫師找出我喘的原因——除了小巨的干擾外，也因為抑制小巨的藥物會把「鹼」排出，造成我體內很「酸」，長期治療下來，產生酸鹼不平衡所致。因此開始吞小蘇打，喘的情況也就緩解了！事後得知，這樣喘不過氣的情況，讓姚醫師本有隨時要約談爸爸，必要時就做氣切插管的準備……

沒想到在骨髓移植後，以為重獲新生，卻這麼深刻的經歷了兩次瀕死的經驗。回想這一路所發生的事，讓我更加決定要當一個「珍惜和感恩」的人。

治療也即將滿兩年了！這一、兩週，我可以感覺到生命力在我的裡面湧動，真的有力量在支撐著我！人生雖有諸多苦難，雖然不明白為何要走這一遭，但願我的每一步都要為愛做見證！雖然眼睛看不清、反應變慢了、記憶力不好，但若能在世上多活一天，我就要榮耀神的名！我很慘，但是卻又那麼幸福的被愛著。

姚醫師說，他行醫十五年來，我是他遇到的第二個，被巨細胞病毒打著玩的病人；原本可以加強我免疫的「特種部隊訓練」計畫，一個月後竟然沒有了……因為研究的藥廠出了一些問題，目前已經暫停。少了一個機會，總是有點失望。但我想，親愛的耶穌要給我的是「天降神兵」吧！那一定很厲害！

病毒可能有耳朵！本來晚上我們姊妹倆想與媽媽吃頓飯，開心的討論了一下午，結果晚上我就發燒了……之前也常常在開心地要向病房請假出去吹吹風時出狀況，以後真的不要用「討論」的好了！我跟妹妹傳紙條試試看，不要再讓病毒發現了！

因為類固醇的緣故，我的身體狀況有了起色，但也有一定的停損點，畢竟類固醇也會傷身。反正喔，我現在已經深深了解，很多藥物都是「有一好，沒兩好」啦！姚醫師今天來看我時，看我臉胖胖的，想詢問我類固醇的用量，殊不知我的類固醇早就停掉了，所以我的臉是真胖胖，不是藥物造成的假胖胖，哈哈！現在食欲跟體力都變得很好，許多感染也漸漸被控制，心情也好多了！喜樂的心乃是良藥，我的免疫力要完全恢復！

到了五月底，我的免疫系統終於有了起色。停止打藥後的第一次抽血檢測，依舊測不到小巨！

最後一次住院：肺部感染

六月的第一天，我終於出院囉！接下來就是打延長賽，在家休養，讓身體恢復！雖然都是演病人，但飾演住院的病人和在家休養的病人絕對有不一樣的演法，除了場景不一樣，心情的掌握以及面對的困難也不一樣了！我需要好好揣摩，讓我的演出有層次！

出院後，我都躲在乾媽提供給我的電梯小套房修養。住院住好久，需要重新適應外面的溫度和濕度。出院後也還是得密集回診，觀察巨細胞病毒的狀況。本週，牠又出現了，昨天回診就留下來打了四個小時的點滴。接下來一週要回醫院打兩、三次，雖然有點麻煩，但是可以不要住院，真的好好！

生病邁入兩週年了，好友用一本書中的一段話激勵我：「一名基督徒病患可以在艱困的處境下選擇表現堅強；**她能夠更負責地選擇何時剛強，何時柔順，也因此讓她能夠有效地回應神呼召她在各種情境下該如何行動**，不至於因為無計可施而總是優柔寡斷。**這種能力的擴充讓一個人對神可能的呼召有更大的回應能力，超過她原先的努力所能及。**」

讀到這段文字的時候，我的心深深的被觸動而流淚，很被鼓勵、也很被安慰！知道自己的堅持是對的，再次確定讓我能夠堅持的就是神！雖然目前我的眼睛看不清，雙腿也很無力，但我相信我的靈總是可以因神的美善而歌唱，讚美耶穌；在我的靈裡，可以看清楚、也可以自由奔跑！

從原本的出不了院，捱到出院一下下，到現在可以不用住院，離一般人的生活真的越來越近了！我有一種圈養的動物慢慢被訓練，要回到大自然的感覺。用了兩個多月適應新生活，讓自己可以簡單的自理，甚至做一點打掃工作。說來好笑，我竟然在拖地的時候一陣感動，覺得自己可以拖地太棒了，真是個有用的人！結果，瞬間腳底一滑，就這樣劈腿卡在床邊！妹妹好氣又好笑地將我扶起，說：「妳的腳還沒有那麼有力，妳以後做別的家事啦！」

但越靠近「正常人的生活」，我的心就越急，因此比起之前在醫院常常賴皮偷懶，現在的我則非常積極地復健練走。在醫院到處走，走到都膩了，現在可以在外面自由自在地走，身邊每件事物都好新奇卻又好熟悉。

才又好像可以開始編織未來的美夢，怎知，又來了……

二〇一二年七月二十五日

報告！瑋萍這週一再次入院，因為肺部有一些感染，加上酸鹼不平衡容易喘，為了安全起見，住到臺大感染科病房，昨天做了斷層掃描。之前為了治療，讓她的肺部受損，今天應該會討論出治療用藥的方向。（佩錚）

這回我的肺部感染的病毒，跟SARS是同一型的，就像叛軍大集合：小巨兵團加流感兵團加黴菌兵團！真是「嚇數人」啦！

醫療團隊經過一番研討，再加上幾週的精準用藥，我的感染很快被控制住了。

只是肺部有三分之一纖維化，回不去了……走沒幾步路就喘，再次讓我感到挫折。到底我還要付出多少活命的代價？姚醫師告訴我：「雖然肺部的功能因纖維化減低，會容易喘，但可以藉著吸飽氣，然後大聲唱歌來增進肺活量，提升肺功能！所以到教會就大聲唱詩敬拜吧！」聽到還有得補救，而且是唱詩歌補救，真的是讓我太開心了！當週主日也馬上去請教專門教導藝人唱歌的姐妹，如何用正確的呼吸法唱歌！

那一天敬拜讚美的時候，我張大嘴唱歌，也因為我知道我還有機會恢復，為著知道神是何等愛我而感動得瘋狂流淚。

終於！這是我最後一次住院了！出院後，我真的要接演新戲「恢復之路」了！

壞朋友小巨，真的掰掰了！

經過無數次和小巨交戰，一直被牠壓著打的我，終於擺脫這個大壞蛋了！終結小巨影響的關鍵，是因為我出院前眼睛得了虹彩炎！造成虹彩炎的原因不明，但它與自體免疫系統有關。健康的人重複得虹彩炎，可能是紅斑性狼瘡或類風濕性關節炎的徵兆，但我這樣的病人得了虹彩炎，表示我的免疫系統覺醒了！也表示小巨不能夠再隨便欺負我了！哇哈哈！牠們全部都得被我免疫系統的葫蘆吸進去，搖一搖都將化為血水！耶～

回想骨髓移植後，一路的感染和磨難，真是不可思議。當免疫系統不彰時，所有的感染威力都是加倍的！劉醫師告訴我，「淋巴型」的血癌，在骨髓移植前超強大的免疫系統殲滅行動，全面抑制了我淋巴的免疫機制，需要時間恢復。這段期間，醫療團隊要做的，就是用藥物 hold 住各路病毒、細菌和黴菌的感染，只能治標不能治本，維持住病人的生命，等待免疫系統覺醒！醫學研究及數據指出，只要過了危險一百天（三個月）就差不多可以好起來，怎知我花了快兩年才穩定下來！

有了虹彩炎當強心針，讓我這次出院充滿信心！

第六章
復原之路

我得到的都是恩典，我遇見的都是天使

出院後難得的單獨出遊！

今天是我兩年來的大突破，因為病況一直不穩定，活動也受限，這些日子總有人隨侍在側。然而高中同學會，在我積極爭取下，讓我有機會「單獨行動」！出門前，妹妹先打了電話調查那家餐廳有沒有坐式馬桶，因為腳力不好的我，蹲下後再站起來非常的吃力。還有，樓梯會不會很陡？有沒有扶手？因為若是沒有人在一旁攙扶我，我便需要雙手拉著樓梯扶手，以攀岩之姿上樓。爸媽則一直叮嚀我要小心腳步和階梯，不要吃到冰塊或生菜，雖然已經恢復很多了，但還是先不要生食比較好。而我自己最擔心的就是我的視力，我應該是看不到菜單上的字，而且餐廳通常為了營造氣氛，燈都不會很亮，就更看不清楚了。本來我還想一個人搭車去，馬上被阻止，因為他們擔心我熱著了（太陽太大）或冷到了（冷氣太冷），所以我還是乖乖地讓爸爸載我去。

進到餐廳，第一個挑戰就來了，雖然樓梯是不會很陡啦，但同學會的場地在三樓！正當我準備開爬的時候，一位同學也剛好進來，便陪著我慢慢上樓。呼，喘了一口氣，真的有點喘……但至少過了第一關！因為是白天，光從玻璃窗透進來，所以室內的亮度還可以。打聽好廁所的位置，竟在二樓，不過也有個心理準備了。

走近同學們，大家開心地招呼我坐下，見到好多既熟悉又陌生的朋友，靜修出美女是真的！在同學協助下點好餐點，我認真的想打開所有的「雷達」來觀察和融入大家。

畢業十五年了，好幾個同學都是兩個孩子的媽了，還有抱baby來的，大家身上都看不出一點歲月的痕跡，單身的更是美麗自信，事業有成，還有一位已經當上了公關公司的副總！雖然沒有辦法深聊什麼，但班長拿出早已準備好的通訊錄，依座號一個一個報告近況，好好玩！最開心的是見到從美國回來的老師！大家聊著聊著，我想要上廁所，但不想打斷大家的談話，就默默決定要自己去。小心翼翼地下樓，視覺不靈敏的時候，聽覺和觸覺就是最好的輔助幫手。順利找到洗手間，上完廁所，慢慢上樓，雖然花了我不少時間，但又順利過了一關！

結束後，我「一個人」安全順利的搭計程車回到家了！我超級超級超級有成就感的！唯一讓我比較「卡」的部分是要適應「很多聲音」（我們是真的很吵，好好笑）。休養了好一陣子，到人多的地方會有點緊張，擔心聽不懂、跟不上。這次出擊是一個美好的開始，不但給了我信心，也給我機會小試身手。真的要有耐心和勇氣量力嘗試，重新認識自己。雖有限制，但接納自己的不一樣，就可以活得自由、喜樂。

另外一次，我非常開心地與好姊妹們上山泡溫泉、吃火鍋。妹妹一再警告我不可以跌倒，要讓朋友牽好。後來見面時，我就把腦海中的畫面與姊妹們分享：「我妹妹說，妳們要把我牽好，不可以讓我滑倒！因為是泡裸湯，所以裸體的妳們要牽好裸體的我；如果我滑倒了，就會裸體滑倒，然後就會有很多其他裸體的人來摸、扶裸體的我，這樣真的是糗爆了！所以，我自己會謹慎小心，也請各位多擔待！」

因此，在泡湯時，小茉細心地陪伴著我。當裸體的我要上臺階走到烤箱時，裸體的小茉在旁邊攙扶我，正泡在池中的裸體的莉莉，看著我們裸體的背影，大呼溫馨美好；而裸體的阿思也會先去試試各項 Spa 設施，確認安全無虞後才讓我們去使用，實在是很好笑的場面！

舒服地泡澡後，身子暖暖地吃火鍋去！店裡也有一些臺階，姊妹們幫我注意腳步、拿包包，小茉還是扶著我，讓我深深感受到：不管是裸體還是穿著衣服，永遠都願意扶著你的就是好朋友！哈哈哈！

和所愛相處，是門和適應新生活一樣深奧的學問

以前我一向獨立，沒事就往外跑，因為這場大病，才讓我有機會重新回來當「孩子」。但，現在開始要練習一個人復原，又要顧及爸媽愛我的心情，真不是一件容易的事。

爸爸堪稱是個「緊張大師」，從國中開始，我就一步步地學習管理自己，不要讓他想太多、擔心太多；但他全程參與我生病的過程，教他怎麼不擔心、怎麼放心讓我學著獨立。這兩年半來，我好像回到了嬰兒時期，總是要他把屎把尿把吐，甚至要背我，真的很像大size的嬰兒……出院後，爸爸超愛打電話給我，總要知道我的作息和行蹤。我明白他是愛我、關心我，但有時真的很喘不過氣。我到哪邊他都要一起去，但狀況越來越穩定的我就像進入了「青春期」，很想脫離爸爸的手掌心，因此便不時的上演「（呆瓜）父女鬥智比賽」！

出院後，我一度想要調整生活，但腦袋和動作都不像過去那樣靈敏，常常忘

東忘西；加上看不清楚，總是為找不到東西而緊張或發怒。妹妹每次都冷靜的在我找過的地方，輕易地發現我要找的物品，然後罵我是騙子……而相信我、疼我的爸爸，總會在努力把家裡全翻找過一遍後，聽見我故作天真地說：「唉呀！爸爸！怎麼在我包包裡，剛剛找怎麼沒有咧……」看著爸爸無奈又擔心的神情，我都覺得自己好像社會新聞裡報導的不孝女，欺負老父。為了改善只有復健的無聊生活，我想要去附近的咖啡店安靜地寫作。於是我就「自己」出發囉！也好開心順利走到了！但到了咖啡店，我又有點良心不安，於是主動乖乖的傳簡訊給爸爸（我怕用講的他會一直生氣不肯聽），結果傳到最後，他竟然打來了！我真是嚇死了，馬上把電話按掉；傳完簡訊後，先跟妹妹打聽情況，妹妹說爸爸打給她了，而且好像沒有生氣。呼。過了一會兒，我鼓起勇氣打給爸爸，他笑著說：「妳很壞耶，我要踢妳屁股……等一下我去找妳。」爸爸沒生氣就好，但我還是被逮到了。

諸如此類的事，在我的新生活中不斷的重複上演著。我明白，對爸爸而言，他看我永遠都是小孩，甚至幾乎是差點死掉的小孩，他更是想愛我、保護我；但對我而言，好不容易穩定些了，我想要學習慢慢回到正常的生活。兩方的出發點都沒有錯，只是需要平衡和磨合。

在我漸漸比較會走，體力也恢復了些後，喜歡大冒險的我，有天便偷偷趁著妹妹還沒起床，自己跑出門買咖啡和早餐給妹妹！但結果還是發生一件意外又好笑的事，本姑娘終究還是「仆街」了！一大早剛起床，眼睛適應光的能力還沒那麼好，加上施工中，路不平，導致重心不穩，就摔跤了！我暗自慶幸沒有人看見，不然喔，好人來扶我是沒關係，壞人看見就危險了！像這樣的事情呀，當然不需要跟爸爸提了！

在來回過招的過程中，有些時候我會因為爸爸太囉嗦而發怒，爸爸也會氣到不想理我，但跟自己的家人能夠生氣多久呢？也許立場不同，但出發點都是真摯的愛和關心呀！每次冷靜下來想想，都會覺得雞毛蒜皮的小事，有什麼好吵的……於是，我學會了每天自己主動打給爸爸報告我一天的行程，這樣就不會有被他一直盯著的感覺，他也可以放心。這樣的改變，讓我們之間的愛更暢通了！

而面對我的媽咪也是一門學問，她是那種遇到空難，因為很愛孩子，所以會先幫小孩穿救生衣，但卻手忙腳亂弄半天還是沒弄好，最後兩個人都遇難的個性。她的興趣是參加免費的活動、觀賞免費的電影，這是她在辛苦的清潔工作中放鬆心情的方式。我生病後，她沒有辦法時常陪著我，但因為愛我，她總喜歡搶著幫我做一些事。例如我們準備出門，我在穿襪子，她馬上就要蹲下幫我穿；她在找東西的時候，看到我在穿鞋，就會衝過來硬要幫忙；跟她上街時，她想扶我，就「提著」我的胳肢窩，反而讓我卡卡的……我提議勾手，結果她又「夾」著我的手……現在想起來很好笑，諸如此類的事情常常在我們母女之間上演。但當下我都很生氣，試著溝通很多次都沒有效果，覺得好煩喔……

穩定出院後，我想到媽媽總是犧牲自己的休息時間來陪伴我，於是突發奇想，想要試著也陪她去看電影，雖然我知道我可能只能用「聽」的，但我也想表達我對她的愛。結果一跟她出門，她所有「愛的小動作」都只讓我覺得：早知道就不要跟妳出來了！幾百次下來，我越來越明白，真的不要要求她改變自己愛人的方式，那只會讓怒氣破壞我們的關係。學習更多的包容和接納，才是愛媽之道呀！

沒想到我的復健之路，還包括了親密關係的調整和恢復！學習當孩子，就是不要一直想要「指教」父母，而是要在愛中，學習用尊榮的態度來回應他們的心。

而說到和我最要好的妹妹，我也在她生日的時候很白目的惹到她……這一年我的身體狀況漸入佳境，為了感謝她一直以來的陪伴和照顧，我準備給她個生日驚喜。因為她這些日子忙著照顧我，沒有什麼時間與朋友相處，因此雞婆的我想出自以為貼心的一招來祝福她。

我從她手機電話簿中抄下我聽她提過的名字，或我們共同朋友的電話，然後在妹妹生日前一天傳簡訊給他們：「因為妹妹對我好好，現在我好很多了。明天是她生日，可否請各位這兩天留訊息祝福她。」結果超多人捧場，妹妹高中時期的好友還特地約她出去切蛋糕！看來一切都很美好不是嗎？我洋洋得意地以為做了件好事，結果妹妹知道後卻生氣了，說她不喜歡我這樣做，讓她覺得很尷尬……

天呀！我自以為是的好意，竟然換來妹妹這麼大的反應，讓我一個晚上都睡不好……

這件事讓我深刻的學到：①我跟我爸媽某種程度而言其實有點像……②不要太主觀地判斷一些事，尤其是牽扯很廣的事情……其實隔天妹妹就已經平復心情，她也再次表達，她很開心收到祝福，只是她不喜歡我用這種方式幫她慶祝。

好險事情完美落幕，我都要嚇死了。

有次，在教會的聚會中遇見一位認識很久，但不很熟的朋友，表示都有看我的發文，想跟我聊聊。因為他自己也經歷了一些低潮，前陣子好好研讀了心理學，打趣地問我說要不要諮商。我馬上答應，他也幽默地回應：真高興找到一位病人了！哈哈哈。雖然時間很短，但我們聊得很開心，並且很有收穫。我常常很氣自己的情緒控管不太好，事後又常自責，他告訴我，這是「界線」的問題。**我不可能要求別人遵照我設定的界線，不要冒犯到我；但我可以幫自己畫界線，選擇不要被冒犯。**另外有一個方法——「允許」。**「允許」別人有時會冒犯到我，還有「允許」自己有情緒，也會犯錯，不可能每次都完美回應他人。**這樣情緒的波動會健康一點，而非總把自己困住。那天晚上，我想了很多，覺得這番話很有意思，也很受用。

這番對話也好像為我這些日子以來，在親密關係中的經歷和奮鬥做了一個總結。之前在挫折中，常常會疑惑：為什麼最親愛的人，卻總是互相傷害？以及到底要怎麼做才能不再爭吵？而在這個總結中，我似乎更明白了愛的意義！這也讓我更有力量，不放棄去愛，不放棄溝通，不放棄磨合；更要學習尊重與尊榮！

以大勇氣和大智慧回到原先生活軌道！

狀況越來越穩定的我，更新了我每日的「功課表」。住院時就是一直躺著，就算散步也多在醫院裡面或附近，現在開始，我為自己安排了很多行程：參加教會主日、與好朋友們相約、參加婚禮、回病房上紙黏土課、到咖啡廳整理生病的經歷。接觸的人、事、物變多了，讓我的腦袋可以多多轉動。住院就像休眠，現在醒了，很多事都要重新適應，這就是我這階段的挑戰！

生活變得充實後，我的腦袋有時會一直想一直想，一直想要工作工作，導致我晚上很難入眠……生病前，超級忙碌的我都嘛很隨便就能睡著，然後很早起。沒想到才剛剛回到正常生活中的我，身體跟不上心的腳步，無法休息。我需要學習在睡前靜下心，為一天獻上感恩，然後就要卸下！把眼光轉向神，感謝祂、讚美祂，然後好好睡一覺！我要學習在忙碌中，在神的愛中好好衝，但不要亂衝！更不可少的是全心安息在主前的時間！

如今，我的視力、行動和反應都有缺陷，所以到了晚上，如果我在不熟悉的地方，心裡就會戰戰兢兢……還有，我的嗅覺也因黏膜受損，聞不到任何氣味了。最近還因為骨髓移植造成的慢性排斥，讓我的頭皮過乾，抓狂地發癢……唉，我不想把焦點放在這些缺憾上面，因為這些事真的讓我心情很不好。雖然之前我已經不斷的告訴自己，要接納現在身體的改變，但因為接觸的人事變多，身體功能不全造成的不方便，就更加明顯。搜尋記憶中聖經的話語：「因為人若有願做的心，必蒙悅納，乃是照他所有的，並不是照他所無的。（林後8：12）」既然我活了下來，既然我還是想要實現自己的夢想，就算還是會有因為身體的損傷而感覺沮喪和挫敗的時候，但我一定要選擇相信神！

想要回到原來的生活、原來的工作崗位的路，比我想像的還複雜、遙遠了一點。目標導向的習慣，讓我不停的幻想復職的時間，真的很難不把現在的自己跟以前的自己比較……但現實又殘酷的擺在我的面前。並非不明白，現在的體能和狀況都在恢復和觀察階段，教會很難讓我復職，開始工作；但另一方面，我又非常心急，渴望能找到此刻自己生命的價值和定位。在與教會牧者和好友的溝通分享中，我最常聽到也最讓我受不了的回應就是：「瑋萍，不要急！」這意思就是要我等待，但我的負面情緒卻讓我覺得「被拒絕」了，然後就胡思亂想把自己弄得很受傷，再多關心的話都被扭曲，聽不進去了。

等心情調適好了，仔細思想，才發現自己的眼界真窄；一味把焦點放在自己的期待上面，沒有看見神正在調度萬有，讓我的牧者們知道要怎樣幫助我重回職場。

發生的種種事情，讓我不得不面對自己心裡面那個**根植於最深處的錯誤想法：總覺得要努力做什麼，才能證明自己的價值**。所以我總是不斷的釋放出「我好了」「我可以」的訊息……唉，**恢復之路上，不只是身體的恢復、關係的恢復，我相信愛我的主也要再次恢復我的自我價值、震動我錯誤的認知**。對於一個花了三年生病的人來說，要靜下來等待，真的是很難……甚至，我一度覺得，我是不是被拋棄了？應該另謀出路嗎？……很恐怖吧！當人陷入不安的謊言中，就像戴上了扭曲的鏡片，所有的判斷都來自極大的不安全感和不信任，永遠看不見真相。

在這個過程中，我雖然好像更認識了自己，但花了好多時間，卻還是接納不了自己。常常在情緒撞牆時到主的面前禱告，得到了平安，但回到現實生活中，卻一再的失敗。把這樣的心情和一位好友分享，他鼓勵我去教會的輔導中心做心理諮商。他告訴我：有時我們需要找一位不是很熟識，卻又專業的心理諮商師聊一聊，才能刺激自己思考，在困境中找到有效出口。我一口答應！因為我知道再這樣下去，我對神對人都會逐漸失去信心，而掉入深淵。

見到諮商師，我們一起禱告後，老師先讓我好好說一說最近在生活上遇到的問題和困境，我阿哩阿雜說了好多，老師很有條理地整理出重點，也就我所分享的事件詢問我的感覺，然後一層一層的推演，釐清了出院後情緒敏感脆弱的原因。

「是因為沒有安全感呀……」我恍然大悟地說。

老師引導我思考，讓我理解到：生病前，我可以掌握一切，這讓我很有安全感；生病後的我什麼也無法掌握，安全感完全被打破；而復健過程中，我巴不得盡快取回自己的安全感，但身體狀況和環境都需要重新適應，因此讓情緒常有波動。對於許多事情，如果我無法掌握，就會生氣；而生氣的背後，其實是恐懼……

老師也告訴我，在分享中，他察覺到了一個屬於我的「模式」：我是個「使命必達」性格的人，有一個「絕對」的標準在我的裡面，在當中就可以有安全感。老師也溫柔的跟我說，這個模式讓我安然的度過了三十幾年，所以不是要打破它，而是有些地方需要微調，微調到對準神的心意上。

在這樣的對話中，我的心裡好暢快，理出了頭緒，就得到了安慰和鼓勵，也有了方向。

老師也發現我是個情緒壓抑的人，所以在之後的諮商過程中，他都會停下來，問我的感覺是什麼，然後讓我可以好好哭一哭……

原來我是這個樣子呀……本來以為我很了解自己，但在十週十次的諮商中，每一週我都感覺到自己在思想上的更新，也反映在我的情緒管理上面。我整個人輕鬆多了，不再緊緊的抓住我自以為的方式而活。

同時我也領悟到，為什麼年初時，我會想將今年命名為「**靠爸年**」，就是要**全心倚靠天上的父親**！透過禱告，我相信我的安全感會重新被建立，更深地經歷從天堂來的恢復。我好感恩我可以選邊站，選上帝爸爸那邊站！因此，心中的負面情緒可以像水中的砂礫，先沉澱下來，然後我才可以享受清水的滋潤，而不是要喝水卻喝到滿口沙，也不是想洗把臉卻被沙子刮傷臉。尋求神的幫忙，「禱告」是最實在的出口。

感謝上帝，在教會的安排下，我在幾個主日聚會中分享了上帝救我、幫助我的見證，當然也要好好感謝弟兄姐妹們的禱告和支持！除此之外，讓我最興奮的是去醫院和醫學院分享關於生命的真諦。一切都在起步中，雖然步伐有夠慢，我還是有點不耐煩……但我真的感恩，我知道我越來越好了！

二〇一三年來臨時，我的視線卻更模糊了。之前為了對抗巨細胞病毒，注射藥物，對我的眼睛造成傷害，引起早發性的白內障。我的視力本來就因感染留下的傷疤，變成低視能，而白內障，讓我所能看見的一切更「濛」了……看不清楚至少還是可以看，但看不見就是看不見，感覺好恐慌。

為此，我沮喪了好幾天。雖然白內障治療很發達了，但一想到「早發性」三個字就討厭！這表示我的身體病變又被加速了！而且還要接受很恐怖的眼部手術，之前眼球打針的惡夢又要重演……消沉了幾天，眼前總是白濛濛的一片，我常常閉上眼，期待來自天堂的安慰能降臨我心；但每每看見許多過去的回憶，想到最近已經可以開始做的事情，我的心情就激動不已……白內障手術其實也只是個過程，我仍舊選擇相信主必救我到底！

幸好手術順利！雖然需要開始適應老花眼鏡，但可以好好的活著，可以好好的愛，身體的缺憾，就算不得什麼了。

最近參加了東方比利的「養身健康生活營」說明會。東方比利原本是新加坡有名的ＤＪ，也是一位抗癌鬥士。經歷復發，但靠著神的恩典和良好的生活習慣，他現在恢復得很好，還出書並舉辦活動，要讓更多人可以身心靈都健康。他的分享激勵了我的心。渴望「重出江湖」的我，應該要有些預備，不只是心理上的，身體也要鍛鍊！於是我在心中作了決定：戒掉含糖飲料和奶茶，少吃油炸物，更要開始固定運動！這熱血的感覺，表示吳瑋萍真的要回來啦！我期待好好鍛鍊後，可以騎腳踏車，不要很窩囊的只能請爸爸帶我去大賣場挑一臺最小的偷騎，還騎不遠。

隔天清晨六點，我就出門，到附近的國小走操場！感覺真好，就像我以前早起出門上班一樣。微風輕吹，晨光和煦，好熟悉的感覺！操場上很多人在運動，其中有三位伯伯並肩而跑，模樣很有趣，還有在一邊太空漫步的老奶奶也好吸睛！小小的操場上，有各式各樣的人，大家都做著喜歡的運動。有些是團隊，練氣功、打坐，不時還會呼口號；有些做早操的，跟著錄音機播放的音樂慢慢做；有些做伸展，三五好友或個人；更多在跑道上，用跑的、用走的、邊跑邊拍手的……大家都有不同的速度和方向。

我在人群中快走，覺得自己好像在水族箱裡。我們都優遊其中，有著不同的姿勢和習慣。有人喜歡和朋友一起跑，需要配合彼此速度，也可以互相支持，一起跑完；有人喜歡自己一個人跑，可以自由調整速度，也可以更專心運動。沒力氣跑的，就用走的；不喜歡在跑道上的，就做別的；沒有好與不好，就是為了鍛鍊身體。

我晨運的習慣有了個很好的開始！但因為太心急了，一週後發生了慘案……之前癱瘓後，雖已復健到能走路，但大腿肌力還不足，導致我的膝蓋容易負重過度，特別是我還偷偷想用跑的！運動到第三天其實膝蓋就開始痛了，忍到第五天，我知道自己真的不行了……唉，痛到不能走，真的很傷心。最後，物理治療師教我一些可以增強大腿肌力的運動。休息，加上勤做復健運動，膝蓋不痛了，大腿也有力量了！現在我的雙腳可以併攏走路，不再「辛酸阿」（生芒果）了！這次事件真是揠苗助長的最佳示範！也再一次提醒了我：不要亂亂急，在耶穌裡，熱血不會消失啦！要按部就班！

被眾天使守護著

也許看到這裡你會想問：吳瑋萍，妳為什麼總是可以正面思考？我要老實的說，我寫下的文字越堅定，那表示我遇到的困難越大，需要越大！我並非總是能自己度過難關，是因為**有很多天使守護著我**！

在醫院住久了，見識了形形色色的看護和外傭，那真是個了不起的工作呀！但看護們的素質落差很大就是了。大家一起在病房生活，每個人都會有自己的生活方式和習慣，躺在病床上的，已經不舒服了，大家聚在這裡，不是更應該懂得互相尊重嗎？但有的看護阿姨的習慣不好，把小小的冰箱塞得滿滿的，直到裡面的東西發出味道……我也見過一直碎唸的看護，把年輕的病人弄哭，哀求他不要再唸了……真的什麼情況都有。當然也有很認真的外傭，一直被阿嬤病人嫌來嫌去，卻依然溫柔勤快。

這其中，讓我印象最深刻的是金牌看護——微如阿姨。她不但細心，而且態度極佳！面對因病擔心的病人和家屬，她的言談充滿智慧和溫柔，不會被許多情緒弄得團團轉，而且她也很能體恤病人的需要和難處，會有耐心的說明及安慰病人的心情，連隔壁床的我們，面對她的笑容和問候，也都覺得自己被照顧到了！其實病人的情況都不一定，人好好的時候，就會有點孤單和無奈；但人不舒服的時候，又很難忍受打擾和吵鬧。所以真的是要將心比心呀！

在病房也會有各路志工來探訪，陪病人聊聊天，舒緩心情。我曾碰過很讓我傻眼的志工，一來就勸我要悔改，思想一下有沒有什麼事情得罪神，才導致生病，但絕大部分的志工帶來的都是滿滿的溫暖！

有位教會團體的志工老先生，不定時的會來到我的病床邊為我禱告。他總是穿著正式的西裝，戴著一頂紳士帽，有禮貌地打招呼後，拿下帽子，緩緩坐到旁邊的伴床上，親切地問候我，告訴我耶穌愛我，然後拿出一張他親筆抄寫的經文送我，並大聲讀給我聽，接著就大聲唱起詩歌來！第一次我嚇了一跳，因為他老人家中氣十足，從他的神情中，我看到了因他對神的堅定，而傳遞出來的喜樂平安。每次我見到他都好感動，我也想要一生到老都服事主，榮耀祂的名！而與我最交心的志工就是昀瑩了，她也曾經是血癌的患者，康復後便投身於關懷志工的工作中。她不只時常溫暖的關心和問候我，更是病房每週黏土教室的老師，我跟她學了很多招！

因為頻繁的住院，我與血液科12C、12D病房的護理人員們也有著深厚的情感。特別是在12D，我交了很多護理師朋友！沒有住過院，就無法深刻理解護理人員的辛苦，他們真是專業又重要的一群人！我打從心底敬佩他們。在二〇一一年的年底，我和妹妹很榮幸地參與了他們歲末年終忘年晚會的歌舞設計和影片拍攝！

我和妹妹一起編舞及協助定裝，當時我癱瘓的雙腿還沒有完全恢復，就扶著牆壁拍了舞蹈表演的示範帶。護理師和醫師團隊們跟我們約空檔練舞和驗收，妹妹則當起教練，督促大家練習。看見醫師和護理師們僵硬的抖肩與不協調的腳步，雖然要邊憋笑邊教學有點辛苦，但看見他們認真的模樣，很榮幸能參與其中。表演當天，可愛的小護士們換上亮片裝，戴上假睫毛，化身少女時代，載歌載舞；平時認真沉穩的住院醫師們靦腆的當起帥氣小虎隊，一出場，就造成轟動，尖叫聲此起彼落；還有姚醫師對嘴唱〈寶貝對不起〉……超級詭異，但也超級有趣！當天的晚會很成功，在病痛中還能有這樣的際遇，真的很感恩。唯一的漏網之魚是「螳螂人」劉醫師，聽說他去年上場變魔術，只是場面有點冷靜……他真是個神祕的人呀！

另外，除了前面提到的「天使們」，我身邊還有另一群天使。什麼叫做「被眾天使守護著」？這真的是基督徒才會真實遇見的！生病以來，教會的弟兄姐妹，各方人馬都給我最大的支持和幫助。面對措手不及的病症，我的好友曉薇出來當聯絡人，幫我安排教會的弟兄姐妹來照顧我，減輕家人的負擔，也要常常回報我的情況讓牧者知道。整個教會，不管認不認識我的，都為我禱告！還有各方的奉獻，支持我在醫療和生活上的經濟需要。這一路走來，我深深知道**我得到的都是恩典，我遇見的都是天使**。在心情煩悶的時候，有好友可以聊天；在難過到什麼話都說不出來的時候，我心底知道有許多人在為我禱告！能夠成為神家的一份子，真是幸福。

我天生的染色體變異，造成造血的骨髓機制大亂，破壞了身體的運作。這讓我感到：上帝的創造真是奇妙。我們的身體就像一間大公司，有許多不同單位和主管，彼此又裡裡外外連絡合適，使我們可以發展我們的生命和夢想。以前，我就有一個疑問：那些先天身心障礙的人呢？上帝不愛他們嗎？聖經上告訴我們，耶穌有赦罪的權柄，所以有個癱子先被赦罪，接著起來行走！但也記載著門徒見了有個天生患病的男孩，就問耶穌說：是不是因為他有罪，才這樣不健全？耶穌回答：這是要**彰顯神的榮耀**！

雖然至今，得血癌這件事，仍舊讓我很不明白……我還因此不良於行、眼睛弱視、不能生育、肺活量縮小。但在生病到復原的過程中，我深深體會了主耶穌的恩惠！**我沒有缺乏，恩典滿滿！我很開心這經歷就像把我打碎了一樣，整個重組；我還是從前那個活潑好動的我，但卻多了沉靜的生命深度和容量**。

過去，我曾經在「陽光小雨二重唱」的團隊中，參與國內外表演及伴舞，我們的團長兼主要作詞作曲者吳慕鄉老師，是一位大學光電所的教授，二重唱中的「陽光」是劉麗紅小姐，她是佳音廣播電臺的主持人，聯合許多的身障人士組團演出，也填詞、出書；而「小雨」是一位可愛的公務員，她們兩位從小就罹患小兒麻痺。過去有幸跟著她們國內、國外跑，在所到之處分享好聽的歌曲，也分享生命故事，激勵了好多人！當時的我學了好多，在她們的身上，我看見了豐盛的恩典、我看見榮耀，經歷充滿生命力的感動。

他們當然都經歷過人生低谷，但生命的力量，給他們不同的選擇。榮耀嗎？超級榮耀！是上帝失敗的作品嗎？不，用愛創造萬物的主不會失敗！最近頻頻上新聞的盲人歌手張玉霞和金曲歌王蕭煌奇，還有許多肢障的舞者、運動家等等，也都讓我們看見生命的光采和榮耀！看見這些人事，我很開心。先天不全造成的疾病，雖然要付出很大的活命代價，也難以找到什麼原因，但我願將生命敞開，帶來更深更廣的影響力，成為這世代的祝福！

現在，我已經適應了新的身體狀態，也可以很有安全感地獨自在臺北市街頭穿梭和搭公車。我開始帶小組、參與幼兒事工的服事，偶爾還會被妹妹要脅幫忙處理她的工作，也越來越懂得如何跟爸爸媽媽相處，好好地愛他們、接納他們愛我的方式！很多人說我跟生病前不太一樣，難道骨髓移植後的「吳偉大」真的在我的身體裡嗎？

有一天上班途中，預備下公車時，無意識地抬頭看了看旋轉門上的鏡子，然後嚇了一跳，因為鏡中的自己看來又呆又好笑……感謝主，我還是個諧星！

附錄一
大家眼中的吳瑋萍

有幸與姊為伴

妹妹　吳佩錚

從小到大，姊姊總是愛現又充滿活力，每當教會聚會結束的時候，若要和她一起回家，就得忍受這位紅牌過五關、斬六將的緩慢移動速度，幾乎每走兩步就會被她的學生、小組員、同事、姊妹淘……包圍或抓住，好像她總有講不完的話、處理不完的事情，這樣高調又停不下來的「交際花」生活，卻在這黃金的三十階段要強迫退休，不只是她，對身為妹妹的我也是非常的不習慣……

身為一個沒有明確夢想或志向的人，與滿腔夢想和衝勁的姊姊，可說有著強烈的對比。雖然我還滿羨慕她對工作的熱忱，但從小跟在這位譁眾取寵的姊姊身邊，我很習慣也很喜歡當一個低調又不用做主的妹妹，然而突如其來的疾病，讓原本只要活在自己舒適天地的我，要出來做扛霸子，照顧姊姊之外，也要安撫家中兩老的焦急。

記得某個與姊姊住病房的漫漫長夜，雖然是無聊到睡不著，但看著姊姊安穩的睡臉，我突然想通了，或許沒有什麼多能誇口的夢想或人生目標，但我很開心可以辭掉工作，在這裡照顧姊姊，即使這是我人生活著最大的意義和目的，也覺得非常滿足和開心。

對於每個照顧慢性疾病患者的家屬來說，時好時壞的病況真的是很折磨人的。當姊姊陷入昏迷，當時身心疲憊的我甚至還想：昏迷的姊姊會不會正在做好夢？比起清醒著，昏迷對她來說會不會比較輕鬆呢？如果姊姊就這樣在睡夢中被上帝接走，好像也是很幸福？想得灑脫，但自己卻根本無法想像失去姊姊的日子。感謝主，給我教會許多朋友及牧者的關懷與支持，我明白即使我灰心到沒有力氣為姊姊禱告，還有好多人為我們全家禱告，守望關心著我們家的每一個人，因為「愛」讓我們一家不是單打獨鬥。

出院的姊妹倆，除了要改掉長期住院的後遺症，像是不顧旁人的忘情放屁、打嗝（在醫院時沒有人在忍哦！），或是姊姊很愛黏我有點煩人……我們繼續用喜樂的心面對未來，期待姊姊的故事能夠祝福更多在疾病與困難中的家庭！

絕望的時刻，神的奇妙恩典降臨

爸爸　吳國震

在瑋萍即將出院的前一天，我一早就帶著愉快的心情要去收拾行李，盼望這次真的可以離開醫院。怎知一到醫院，又看見瑋萍不舒服地躺在病床上。劉醫師告訴我，瑋萍因肺部感染，產生非常濃的痰，現在抽不出來，也無法戴呼吸器，如果繼續這樣，就要進加護病房。

這三年經歷這麼多困難，好不容易越來越穩定，出院前夕怎麼又有狀況……

一年前，瑋萍因為腦脊髓液外漏造成昏迷，面對高危險的手術、未知的情況，當時我整個人非常無助絕望，甚至與小女兒商量，是不是就讓瑋萍安穩地去到天父那裡，不要再承受手術後的種種折磨和風險。小女兒低著頭沒有回答我，我心中暗自思想，也許就這樣做吧……當晚六點，佳音牧師來電，希望陪我禱告後，再做最後的決定，在禱告中，我心念一轉，覺得我要把主權交回神的手中，而不是自己做決定。若手術會有一線生機，就當讓神來決定瑋萍的去留。禱告後，我告訴佳音牧師，決定簽手術同意書，把瑋萍交在神的手中。電話那頭的佳音牧師似乎也在流淚，這真是一個不容易的決定。感謝主，手術順利，瑋萍活下來了。

好不容易穩定下來，終於要出院了，沒想到又發生了這樣的事情。我徬徨地來到大同福音中心，羅慶聖傳道知道原委後，馬上帶著我禱告，頓時我又找到了依靠，就像溺水的人拉到救生圈一樣！讓我因慌亂而忘記可以禱告的心得到了庇護。禱告半個小時後，小女兒從醫院打電話來，告訴我瑋萍的危機解除，原本束手無策的醫療團隊，決定再抽一次痰試試看，沒想到抽動了！所以瑋萍的呼吸恢復順暢，第二天如期歡喜出院。

回想這些年，我的家庭苦難不斷，從我的太太羅患大腸癌，到小女兒羅患類風濕關節炎，大女兒得了血癌。我從來沒想要問神「為什麼？」但如今我真的想問「為什麼」了！這個問題就是：「神呀，祢為什麼對我這麼好？」

雖然遭受磨難，但上帝總是這樣施恩給我的家。總在最絕望的時刻，神的大能介入，一切就轉換了！我真知道，這都不是巧合，是神的奇妙恩典。神的恩典，歷歷在目。這些事情也讓我改變很多，像一隻漸漸脫去尖刺的刺蝟，雖然還是會發脾氣，還是很不完全，但求主賜我恩典和智慧，可以為主傳福音、做見證。

感謝當年傳福音給我的蘇媽媽，感謝羅慶聖傳道夫婦一路的陪伴、代禱，感謝許多愛瑋萍的牧者和弟兄姊妹。最後，我把一切的榮耀和讚美都歸給神。

感謝主，給了我瑋萍

媽媽　周佳賓

瑋萍從小就很愛表現，每次拍照花招總是很多。青春期比較叛逆，有一次在我與丈夫的爭吵中，她為了要引起注意，終止我們的爭吵，她氣到衝向窗邊大喊：「你們再吵我就跳下去！」丈夫見狀，急忙過去把她抱下來，但我真的是嚇到了，瑋萍的性格真的很剛烈呀……

瑋萍信耶穌後，投身在教會的工作中，她每天忙於工作、樂於工作，我也一直很放心。當瑋萍正興奮期待著即將踏上肯亞短宣之行時，二〇一〇年六月六日那天，她突然發燒了一整晚，非常不舒服，卻不知道在忍耐什麼，倔強的她，隔天一早才終於願意去掛急診……

瑋萍從小「忍耐力」超強，幼稚園我帶她去打耳洞，為了愛漂亮一聲都沒吭；還有她高中時，我們常去中醫診所針灸，過程中我都盡量撇過頭不看，可是瑋萍總是直視著長針插進她的肉裡，也不喊痛……

因此在這麼多的治療中，她雖只是偶然「唉」一下，但我知道那個「唉」是冰山一角，其他大部分的痛苦她都忍下來了。我自己也曾經罹患大腸癌入院治療，多少知道化療副作用的痛苦，看著女兒這樣受苦，我很心疼不捨，卻也無能為力。

當初婚前意外懷了瑋萍，才決定進入婚姻把她生下。得知她罹患血癌時，震驚之餘，竟有些自責；甚至會想，如果沒有生下她，她就不用受這些苦了……但想起這個從小活潑可愛的女兒，雖然個性剛烈，信耶穌後，剛烈的性格被調和，而這樣的真性情，讓她有機會可以祝福和陪伴很多年輕人！她的出生，絕對是個祝福。

這些日子，看見教會的牧者和弟兄姐妹這樣愛瑋萍，用禱告、行動和奉獻支持著我的家庭，我心裡真的充滿感恩。（這也讓我決定受洗，來信靠主，與大家一起同心禱告，雖然我還不太會。）

感謝主，現在瑋萍恢復得很好，希望神祝福瑋萍，每一天都健康快樂，可以做想做的事情，為主效力！

生病也許是上天的祝福

林珊

在血液科病房工作已經超過七年，瑋萍是我看到的奇蹟之一！

正當骨髓移植後產生的諸多併發症讓她狀況危急時，事情卻慢慢的好轉了。在醫療團隊的努力與她自己的奮鬥之下，她重獲新生，在我們眼裡，真的是「撿回一條命」。看到她臉書的生活分享，我心中也充滿了喜悅，對她來說，這場大病是神給她的考驗與祝福，而她確實完美的通過了這個試煉。

瑋萍是幸福的，因為她還擁有寶貴的生命，有很多我們照顧過的病患已經完成今生的旅程，離開人世，但最難過的是他們沒能準備好這個功課，有時是病情令人措手不及，有時是傳統文化阻擋了我們對於生離死別的坦然相對，更有些時候，病人實在太年輕，誰也想不到命運居然會如此安排。

所有的這些經驗，對照最近重大的意外事件，更讓我體會生命的無常，換一個角度去想，也許生病是上天的祝福，因為祂提早給了一張通知書，提醒我們要好好準備人生必經的過程。

瑋萍的故事很精采，謝謝她在承受病痛之餘帶給我們很多歡樂，讓我們在繁重的工作之中可以有些喘息，也期待她的故事讓我們在感受生命喜悅的同時，更加去愛身邊的每一個人，特別是我們的家人。

（本文作者為臺大醫院護理師）

笑著活出不一樣的精采人生

林美君

剛進入血液腫瘤科時，是懵懂無知的，對於病房、病患的一切總是感到害怕及新鮮。

但這一切卻在我實際接觸之後完全改觀了。

當年還是新人的我正好分配到照顧瑋萍的工作。那時候的瑋萍是移植後的病患，出現了許多併發症，甚至嚴重侵犯到眼睛及頭腦，但她總是笑臉迎人，開自己玩笑，以自身的經驗鼓勵周遭的朋友及病患。

從瑋萍的身上我看到：無論遭遇了什麼事、生什麼病，其實你的人生也可以活得很精采、很不一樣。

（本文作者為臺大醫院護理師）

總是懷抱樂觀心情的一家人

林建嶔

血液科病房的病人，就像是突然間掉入另一個平行時空。幾乎每一位急性白血病的病友住進血液科病房的過程都是類似的：身體不舒服，抽血發現有問題，於是就安排了骨髓檢查，接著醫師就突然出現了，解釋說這必須要馬上化療，雖然化療有一定的風險，但不能不做，然後第二天就進了血液科病房，開始做化療。

可以想像這需要多堅強的心靈力量，才有辦法去承受、面對這樣的轉變。

瑋萍生病期間，我正好是病房的總醫師，她所遭遇到的狀況大概也是當時數一數二艱難的，而最讓我印象深刻的，是瑋萍及他的家人總是用樂觀的心情，去面對所遭遇到的一切，包括好幾次相當危險的病況。

看著瑋萍一路走來雖然跌跌撞撞，但終究平安度過，化險為夷，真的備感欣慰，也是支持我們血液腫瘤科醫師在這條路走下去最大的力量。

（本文作者為臺大醫院血液科醫師）

我們都成了瑋萍的粉絲

盧怡安

那一年，剛發病的瑋萍初次接受化療，跟其他新發病的病人一樣出現了化療的副作用，但這位姑娘卻沒有半點怨言。幾次反覆入院接受化療，我慢慢與她熟識，才發現她其實很開朗悶騷。

轉回普通病房後，骨髓移植的排斥反應漸漸在她身上出現。雖然承受各種不適之苦，但我看得出瑋萍很努力地在跟病魔對抗，也因為她擁有許多家人的愛，瑋萍表現出來的是開朗、是笑容，這是一般血癌病患很難擁有的。

還記得這位姑娘常常不小心跌倒，也因此集到許多醫院警示防跌的貼紙，令護理人員非常擔心，瑋萍卻反而轉換心情，紓解護理人員的憂心。她與妹妹的鬼點子很多，每天從她的舉動就可以看出當天病況是好是壞。身體舒服點、有體力了，就跟妹妹拍影片搞笑，還把醫護人員拉進影片裡扮演一角，甚至捉弄自己的主治醫師。

這一路走來，雖然瑋萍所承受的苦很多，但我相信她心理上接受到的愛，比生理上的苦要多更多。因為她的開朗，大家願意無條件給她支持與鼓勵；因為她的忍耐，她的家人願意陪著她繼續往前走；因為她的笑容，許多醫護人員成了她的粉絲。

我很開心自己是其中一名粉絲，更開心的是，她戰勝了病魔。瑋萍無私地把對抗病魔的過程寫成這一本書，並分享給大家，就是希望能幫助更多正在對抗病魔的人正向面對，因為唯有正向面對能讓周遭的人與你肩並肩，一同攜手戰勝病魔！

（本文作者為臺大醫院護理師）

見證上帝恩手的帶領

蔡承宏

我照顧瑋萍那個月，剛升上第二年住院醫師。

還記得上班前一天晚上，我風塵僕僕的從雲林分院趕回臺北，在護理站印交班病歷的時候，聽到護理師跟值班醫師報告瑋萍意識狀況不好，我心頭一驚，也顧不得休息，趕緊準備處理她的病情。

當天早上瑋萍意識狀況比前一晚更差，抽血報告也很不樂觀。等到看完核磁共振，當下覺得不妙，她大概活不了了。在外科醫師和瑋萍家人討論的時候，我心裡暗暗為瑋萍祈禱，懇求上帝施行醫治的大能，翻轉瑋萍的病情。

在醫療的過程中，我見證了上帝恩手的帶領。每一次危難時刻，瑋萍都靠著對上帝的信心，不斷過關斬將。她昏迷開刀後，不到一個月就順利出院。在極為辛苦的復健期間，我在瑋萍身上，看見屬天的喜樂——她跟妹妹一起拍了許多逗趣搞笑的影片，不只鼓舞我們，也為病房帶來許多歡笑。

其中那部「姚醫師我可以回家囉」的影片，是我第一次在查房時，看見一向嚴肅的姚醫師露出親切的笑容。

雖然自己是基督徒，但在遇見瑋萍之前，我常常以「運氣」來解釋病況的好轉。這一路陪伴、照顧瑋萍的過程中，我知道這場生命的體驗，已經不能單純以「運氣很好」來解釋——太多的難關、太多的困境，是我們無法解決的，在疾病的威嚇之下，人的軟弱往往無以遁形。

我希望瑋萍的見證，不僅能激勵許多遭難的人，也藉此帶給醫療人員美好的盼望，在生死交關的當頭仍存信心，因為神總是「護庇人，搭救人，在天上地下施行神蹟奇事」（但以理書 6:27）。

（本文作者為臺大醫院血液科研修醫師）

磨難之中珍惜著擁有的一切

劉律妏

這場病讓我們相遇，在12D開始了我們的故事。

瑋萍因為移植必須接受放射線及高劑量化學治療，加上移植後必須服用抗排斥藥物，而後又被感染所困擾，抗生素越用越多，藥物越用越重，失去頭髮、變得虛弱；後來的放療則讓她色素沉著，臉部膚色變黑、不均勻，排斥藥讓她鬍子變明顯、眉毛變粗，類固醇讓她變「月亮臉」，腎功能的傷害讓她看起來黑黑綠綠的……你能想像嗎？如果是我，真不知道在花樣年華要怎麼面對這一切！

瑋萍因為腦脊髓液外漏，必須做很危險的腦部手術，當時好怕失去這位朋友，好險順利過關。但疾病對她的摧殘，使她的視力變模糊，走路也要慢慢復建，思考變鈍、說話變慢，根本是邁入老年的情況，她必須重新學習、適應外面的生活，還有完全改變的人生！

在血液腫瘤病房三年裡，病人來來去去，新面孔不斷出現，有些老面孔就再也不曾出現過……所以看見瑋萍度過難關，現在要出書了，將她面對疾病的樂觀精神、對擁有的珍惜及對生命的堅持分享出去，我真的很開心！

經過這些磨難，瑋萍並沒有因此失去希望，變得鬱鬱寡歡、怨天尤人，她反而很感謝上帝，珍惜著她擁有的一切，我很佩服她！但還有一位靈魂人物，就是她的妹妹佩錚，生病住院快兩年的期間，妹妹處理姊姊生活起居，陪伴她面對疾病的風浪。這真的不是簡單的事：病床不好睡、環境吵雜、生活上的不便、失去自由、停止工作……但她甘之如飴，佩錚把在醫院的日子變得有趣：拍影片、辦好笑臉比賽、籌畫旺年會的編舞和拍攝，讓瑋萍和醫療團隊的大家都很開心。說真的，沒有她就沒有現在的瑋萍！看她們姊妹情深，吵吵鬧鬧、嘻嘻哈哈，深深觸動身為獨生女的我，讓我好生羨慕。

（本文作者為臺大醫院護理師）

每個經歷都有祂的目的

馬維力

我會以腫瘤科為終身志業，其實是任職住院醫師時，摯愛的家人因淋巴癌而過世，那時上帝讓我們全家認識也信仰了祂，也給了我未來行醫的方向。

認識瑋萍是在那之後的一年，因為家人的經歷，讓當時是住院醫師的我感到要積極地照顧瑋萍，陪她走過不少上帝給的歷練，包括眼球內病毒感染以及腦出血，上帝因為瑋萍的勇敢，也給了她治癒重生的機會。其實上帝給予每個人的經歷都有祂的目的，當時我們或許無法完全體會，一直到事後才感受到祂對我們的愛，與祂交付的責任。希望與大家共勉，時常禱告與並體會上帝賦予我們人生的目的。

（本文作者為臺大醫院雲林分院腫瘤醫學部醫師）

她的故事宛如令人回味的連篇喜劇

姚明

二〇一〇年六月七日中午，我到病房查房，突然看到教會的胡毅牧師，她說是來看一位剛診斷為急性血癌的病人，是教會青年牧區的傳道人；我當時正好是當月的病房主任，聽見是同教會的傳道人，便義無反顧地接下照顧她的責任。她就是瑋萍。也就是從成為瑋萍的主治醫師開始，我親眼目睹了在瑋萍身上奇妙的作為。

瑋萍是一位非常特別的病人，急性血癌治療過程很辛苦，一般病人不怨天尤人已經很好了，但瑋萍更不得了，她總是有很多正面思考的點子，讓自己和家人不那麼難過，也常被她妹妹錄影並 kuso 一番，放在臉書上，不但激勵她自己和親友，也給照顧她的醫護同仁極大的安慰和歡樂。她十一次出入院的過程像一齣令人回味無窮的連篇喜劇，劇本的編寫和導演是神自己，一幕接著一幕，內容精采，高潮迭起，絕無冷場。我有幸參與演出並見證神的大能，正是如《聖經》上所記：神為愛祂的人所預備的是眼睛未曾看見，耳朵未曾聽見，人心也未曾想到的（哥林多前書 2:9）。

其中最令我震撼的，莫過於在接受異體骨髓移植後併發巨細胞病毒腦炎的治療中，發生腦脊髓液外滲，造成瑋萍意識不清，治療的方法是要抽她自己的血，將血打入腦脊髓腔。沒有人有把握這種治療會不會成功，我一邊禱告，一邊決定下令進行這個療法，過了幾個小時，住院醫師向我報告說瑋萍醒了，心中真的是大叫哈利路亞，也驚奇神的大能。

瑋萍過去的故事值得大家細細品味，願這齣劇繼續演下去，好讓看過的人都渴慕認識這齣劇的編劇兼導演——獨一的真神，並發自內心說：認識神真好。

（本文作者為臺大醫院血液科主治醫師、臺大醫學院醫學系臨床助理教授）

瑋萍的三個奇蹟

劉家豪

瑋萍要出書了。瑋萍活著，就是奇蹟。她現在的每一天，我們醫師都為她高興著。她高興地活著，就是為我們打氣的來源。

她的三個奇蹟是：

第一個奇蹟：血癌患者中，有一半的人靠化療就可以治癒，但有另一半的人不行，需要骨髓移植。瑋萍當初診斷時也不知會做移植，因緣際會下來到臺大醫院，臺灣最大的移植中心。瑋萍在移植後接受很多高科技的尖端診斷技術及藥物，臺大都才發展出來不久，正好使用到。如：腦脊髓液及眼球後房液內巨細胞病毒偵測，及眼球內巨細胞病毒藥物注射等等。如此困難的病情，不在這兒還真不會存活下來。能說不是上帝的旨意帶她來的嗎？

第二個奇蹟：瑋萍骨髓移植之後發生多次非常危險的感染，主要是因為移植後，人會有一段期間免疫力未能恢復。一般病人約需一百天，基本的免疫力就會恢復。像讓瑋萍瀕臨死亡好幾次的巨細胞病毒感染，一百天後通常就免除其威脅了，但瑋萍足足花了兩年才脫離它的糾纏，這在我們移植病患之中算是很少見的。那兩年期間瑋萍數次幾近致命，包括巨細胞病毒跑到腦中造成昏迷、跑到眼球內造成視力模糊、跑到肺部造成喘不過氣、跑到腸道造成水瀉……移植的第一年幾乎都在醫院中度過，第二年仍受這個致命的病毒纏身，沒有退散的跡象，日子仍沒好過。連我們醫生都以為不會有結束的一天，覺得她可能會不斷感染致死。熬到第三年，她的免疫力總算恢復了，「巨細胞病毒」這個名詞才不再出現在她的生命中。

臺大血液科及其他病房，無人不知這位「天下第一人」，她成功熬過移植後免疫低下時期、成功重生的故事，也是我們現在常常拿來給病人打氣的範例。但這個奇蹟，單純是我們醫生的力量嗎？我想當然沒那麼容易。是否是神的旨意，是神的奇蹟？

第三個奇蹟：巨細胞病毒纏身的這兩年期間，不只是無止境地住院、症狀頻仍、藥物不舒服的苦，還有反覆遭受針刺的極端疼痛，如超過十次的腰椎穿刺，及尤其疼痛的——把藥劑打入眼球的疼痛。想像一星期兩次，在你眼睛張開的狀態，將針直接插進眼球打藥，而且沒有停止日，直到「測不到巨細胞病毒」為止……

沒人預料能過得了的這恐怖的兩年，大部分的病患會鬧脾氣、拒絕繼續治療；即使接受治療，也是一副無精打采、「你有完沒完？」病懨懨任憑處置的態度。但是瑋萍總是神奇地永遠保持愉快的心情，經常有說有笑，她的笑容有時還反過來激勵灰心的醫療人員，讓我們能跟她一起撐過那段時間。

我自己就常常受她激勵。查房時心中暗自嘀咕：「天啊，妳怎麼還笑得出來？」她甚至在我們血液科尾牙製作歡樂的自拍短片，鼓勵全體醫護人員，那時她還正飽受病毒纏身。現任的蔡總醫師，就是在任職住院醫師時照顧過她，因她的復元受到鼓舞，而選擇了血液科。

當然，有很棒的家庭支持是一大因素，她的妹妹和爸爸永遠守在床榻邊。但我在這裡還看到信仰的神奇力量。她不斷禱告，因此總是能以新的心情面對隔天無止境的針刺、醫療處置。我知道她羸弱小女生的身軀、嘻笑的臉孔後面，有強大的力量支持著她，使她能夠露出那樣的笑臉。那股力量之強，讓我心生敬畏。她對所有醫護人員的鼓舞，遠遠超過我們對她付出的心力，如此強大的正向感染力，應該不單是來自於瘦小的她本身。她能撐過這兩年，神不只主導了奇蹟，也從精神層面給了她肉體上驚人的能量，讓所有醫護人員嘖嘖稱奇。

一個奇蹟發生在她身上可以說是巧合，三個奇蹟只能說是神蹟。或許，她是被挑中要當宣揚者？希望她未來也能繼續訴說她的故事，感動、鼓勵其他人，給他們信心、勇氣，與熬過痛苦的力氣，尤其是幫助血癌病患了解：血癌是可以治癒的！

可以治癒的癌症只有幾種：血癌、淋巴癌和小兒科的癌症，和其他惡性腫瘤一旦轉移或無法開刀，就只能延長一段生命不同。雖然化療或骨髓移植期間會有許多辛苦，但有六到七成機會治癒重生，因此需要像瑋萍這種正向積極的力量，這也有助於免疫力恢復。

最後以林書豪分享的這句著名《聖經》經文，給所有正在苦難中、還未穿過暴風雨的病患，及其他痛苦煩惱纏身的人一些勇氣：

「我豈沒有吩咐你嗎？你當剛強壯膽！不要懼怕，也不要驚惶，因為你無論往哪裡去，耶和華你的神必與你同在。」（約書亞記 1:9）

（本文作者為臺灣大學臺成幹細胞中心、臺大醫院血液科醫師）

附錄二
「螳螂人」劉醫師
血癌大解密

1 為什麼骨髓移植是瑋萍唯一的機會？

並不是每位血癌病患都需要接受移植，有將近一半的人可用完整的化療療程治癒。分出哪些人不會被化療治癒、需要移植，哪些人光靠化療就能治癒，是醫師的工作。就拿妳的急性淋巴性白血病來說，如果：

①一開始診斷時的白血球超過五萬

②有不好的染色體

③第一次化療沒清乾淨，或有「微小殘留癌細胞」

以上都是不好的預後因子，預測著之後無法以化療治癒，需要移植。而妳正是第二種：有不好的染色體，而且是急性淋巴性白血病最不好的染色體——費城染色體。有這個染色體的成人病患中，還沒有能靠化療能夠治癒的。雖然這十年來已有針對費城染色體的標靶藥物，但只夠撐住，不能治癒。

靠標靶藥物撐住，堅持不做移植的病人，在臺大最高紀錄撐了九年，期間該病患不斷出現標靶藥物控制不穩、復發化療的狀況，今年初仍舊走了。妳還年輕，未來還有三、四十年要活，因此唯有靠異體移植後，捐贈者對妳所產生的終身抗癌能力來治癒。

雖然異體移植會有排斥、感染等併發症，使其存活率只有六至七成，但隨著移植醫學相關技術及支援系統的進步，存活率已逐年提升，從只有三至四成到五至六成，現在逐漸達到七成的存活率。像檢驗妳的血液和腦中巨細胞病毒含量用的PCR（聚合酶連鎖反應），也是十年前才引進的。以前的病患無法在發病之初就抽血偵測到病毒用藥，等巨細胞病毒跑到肺部喘起來才進行肺部切片診斷，死亡率都接近九成。現在的醫療系統使病患得以受到更先進的醫療保護而存活。

臺大已經移植一千三百例，現在每年移植一百三十例，會發生什麼併發症，大部分都已在掌控之中，因此仍抱持十幾年前的觀念，認為異體移植是不歸路，是不對的。你們這些異體移植成功的病人站出來，就是最好的證據。

2 為什麼不選「自體移植」，而選「異體移植」？

「自體移植」，是先用與骨髓捐贈者捐贈時相同的方法，將病患本人的骨髓以收集分離機收起來，然後送病患進移植室打高劑量化療。因劑量太高，可能會讓血球長不回來，這時再到移植室把事先儲存的、病患自己的幹細胞輸回去，使血球長回來。

自體移植死亡率只有三%，而異體移植死亡率卻高達二〇%至三〇%，是因為自體移植沒有排斥及移植後免疫力低下的感染致死等問題（就像妳第一年受的苦，幾次瀕臨死亡全因為感染——巨細胞病毒跑到腦袋、肺部麴黴菌、無止境的鼻竇炎）。

理論上，自體移植應該非常迷人，十幾年前醫學界也曾經想要發展，但是它的問題在於：

①它是使用病患本人的骨髓，然而血癌的癌細胞正是在病患的骨髓內，骨髓化療後，雖然表面上抽骨髓檢測結果是乾淨的，但其實還存在微量癌細胞（這也是許多人光靠化療，之後還會復發的原因）。用自己不乾淨的骨髓，在移植室再輸回去，等於把癌細胞又輸回體內，因此之後復發率就會很高。因其復發率太高，國際間已逐漸捨棄，現在可能只有法國還在嘗試。

②它沒有終身抗癌的效果。自體移植只靠在移植室做一次高劑量化療，那次化療沒打乾淨的，就會逐漸長回來（復發）。而異體移植的重點則不是在於移植室的化療（化療只是要清空骨髓，讓捐贈者進得去，甚至輕輕打就可以，如我們最近做的許多減低劑量的移植）。異體移植的威力，在於移植後捐贈者長期終身的抗癌效

果。患者移植後，體內流的都是捐贈者的血，捐贈者血球中的淋巴球就像在血中巡邏的警察，一看到癌細胞就把它殺掉。妳到現在癌細胞都安安靜靜，是這個原因。這是自體移植所沒有的威力，也是異體移植復發率低、遠優於自體的原因。

不過，在某些血液科癌症，自體移植仍然很常派上用場，也就是：沒有上述兩項條件的病人就可以用。例如淋巴癌患者，沒有骨髓侵犯（就沒有上述①本身骨髓不乾淨的問題），而且對化療仍然敏感（不需要上述②的終身抗癌效果），有機會用一次高劑量化療將之根除的病患，我們仍然先選擇自體移植。

雖然妳可能會說，異體復發率比較低、比較好啊，但是自體移植死亡率才三%，因此會先給個機會，先試自體，若自體移植後又復發，才會認命地去考慮異體。若淋巴癌已經復發三次了，化療都沒效了，評估後覺得自體那次高劑量化療大概也清不掉的話，才會直接跳到比較辛苦的異體移植。

另外，如骨髓瘤患者，因為本來就不容易治癒，自體移植也只是一個鞏固強化治療，目的在將骨髓瘤癌細胞的量降到很低的程度，可以在門診用少量口服維持治療即可。這時也會選擇自體移植。

3 聽說骨髓移植要「配對」，那是什麼？是配血型嗎？聽說有兄弟姊妹、慈濟、臍帶血幾種，當初為什選慈濟的？父母可以捐嗎？

異體移植配對的順序為：

①兄弟姊妹↓

②非親屬（在臺灣為慈濟骨髓庫）↓

③使用前兩者會不合的，可用另類捐贈者：「父母兒女半合移植」「臍帶血移植」或找國外的骨髓庫（如大陸的中華骨髓庫及世界骨髓庫）

配對無關血型，血型可以不同。配對是看ＨＬＡ（human leukocyte antigen，又稱ＭＨＣ，major histocompatibility complex），是科學近幾十年所發現的，跟移植排斥與否有關的細胞表面的抗原。

我們用高解析度的方法去驗ＨＬＡ基因，看兩個人是否相同，相同者只是他們ＨＬＡ基因位置的其中這幾個基因恰巧相同而已，並不是他們所有基因都相同，血型也可以不同。現在發現的ＨＬＡ有五種：HLA-A、HLA-B、HLA-C、HLA-DR、HLA-DQ。因為染色體有兩條，因此每個基因都有一對，五乘以二，共有十組基因序號做比較。在每位病患移植前，都會將這些配對結果列出，就像對彩券號碼一樣，於討論會給所有醫師看，經過大家同意，才會進行移植。

兄弟姊妹有四分之一的機會會全合，排斥機會也最小，因此最優先搜尋。

慈濟骨髓庫，是愛心人士抽血檢驗HLA累積的資料庫，現有超過三十萬筆骨髓資料，約有一半機會配對符合，但須支付捐贈者健檢行政費等約十一萬元，配對到做移植約需三個月。捐贈是完全無償制，沒有任何回饋給捐贈者。慈濟骨髓庫已捐贈了超過三千位病患，國外就捐了上千人。

有些大陸血統的病患會配到大陸的捐贈者，但因為大陸的中華骨髓庫是私人的，做一個病人、加機票（醫師飛去拿骨髓）要支付七、八十萬。而且時間難掌控，移植是和時間賽跑，常緩不濟急，因此很少用。找世界骨髓庫則更加耗費時間及金錢，不過臺大曾有一名病患是荷蘭血統，配對到美國的捐贈者，醫師只得飛到美國去拿骨髓。

「父母兒女半合移植」，也就是父親或母親捐給兒女，或兒女捐給父母。兒女的一對染色體一半來自爸爸、一半來自媽媽，所以大部分都只和爸媽各只符合一半。HLA只合一半，從前是無法移植的，因為可能會排斥致死。但生物的奧妙也就在此，因為是他們的兒女，就不會如預期地排斥過於嚴重。十幾年來，全世界醫師也在摸索，如何使這種移植變得可行，最近有了重大突破，若父母兒女之間可以移植，則幾乎沒有人會沒有捐贈者。因為每個人都有父母，年紀大的人也可能有兒女，而且捐贈意願和時間的配合都比其他種類高。臺大前二十年做這種移植的存活率只有三成，這兩年引進新技術後有所突破，存活率提高到八成！因此如果兄弟姊妹及慈濟都沒有適合的捐贈者，父母兒女的半合移植已被提升為第三順位考量。

臍帶血移植，就是去臍帶血庫找。但是臍帶血移植因為在成人還有一些移植技術困難障礙，例如臍帶血量很少，如何移植給大人，及臍帶血移植後感染死亡率，比其他所有移植都還要高很多，臺大八年前移植兩位都感染死亡，因此後來就沒有做了。當然這兩年國外開始有些技術突破，希望之後再度可以成為選項之一。

4 聽說有捐骨髓和捐「周邊血幹細胞」兩種，當時為何選「周邊血幹細胞」？

①捐骨髓：

捐贈者進開刀房後，經全身麻醉，把身體翻過來，在兩邊的骼骨上抽出一千西西的骨髓。因為骨頭上會扎很多針，過程會太痛，因此需要全身麻醉。捐贈者大約需住院三天。第一天住院，第二天收集，第三天就可以回家了。大部分的人麻醉醒來後並不覺得腰部骨頭會痛，只有些緊緊的感覺。屁股皮膚上只會有兩三個針孔而已。三天後就可以洗澡了。

②捐周邊血液幹細胞：

在捐贈者手上扎一根與在捐血車捐血時用的一樣粗的針，血流出來後，會流進一部幹細胞分離機，其實是一部離心機，將白血球用離心法分離出來，剩餘的再由另一手流回去。這樣循環三個小時，分離機內就會分出一袋兩百五十西西的血。若第一天分出的幹細胞很夠，第二天就不必再收，若不夠則收兩天。收集不用住院，但若手上的血管不夠粗，扎不進捐血的針，則要住院，於鼠蹊部打較粗的雙腔靜脈管來收集。

從上面的描述看來，捐周邊血液幹細胞比較輕鬆，不用去開刀房，只捐一袋血。因此在勸兄弟姊妹或陌生人（如慈濟骨髓庫）捐贈時，變得容易很多。以前一說要捐骨髓，就常有兄弟拒接電話，或說出過車禍、身體不好等藉口，堅持不來做配對或健檢。其實只要骨髓狀況不錯都可以做，而且捐贈者必須先做健康檢查，真的不行也不會用。因此這十幾年來已有九成以上的捐贈轉為捐周邊血液幹細胞。有些醫院甚至早已不收集骨髓，收集器械都不知道放在哪裡了。

但奇妙的是，我們對捐贈者做問卷調查，發現捐骨髓者的滿意度比較高。最近也有一些同時捐骨髓及周邊血液幹細胞的捐贈者，表示捐骨髓較無不適感。因為捐骨髓時全身麻醉後睡著，睡醒就捐完了，腰部骨頭也不會痛。而且比起周邊血液幹細胞，捐骨髓對病患的排斥較少。

移植後有許多人死於急性或慢性的排斥，我們特別檢視了之前在臺大異體移植的七百人，發現接受骨髓捐贈的病患，存活率竟然比接受周邊血液幹細胞者高近兩成。因此為某些復發率不高的病患進行骨髓移植時，我們反而可能會建議選擇骨髓而非周邊血液幹細胞。而且，最近臺大進行「父母兒女半合移植」，成功率之所以可以突破，就是因為引進大陸的方法，同時捐周邊血液幹細胞和骨髓。可能因為骨髓擁有某些周邊幹細胞所缺乏的間質幹細胞及其他成分，具有免疫調節效果，使得ＨＬＡ半合的排斥問題可以減低。因此捐骨髓又重新受到重視，現在臺大開刀房每星期都有捐贈者在捐骨髓。但是，異體移植是「有排斥現象」的抗癌效果較好。有些人復發機率高，正是需要排斥來抗癌，就特別要選周邊血液幹細胞。因此，要選哪一種，仍需與醫師多多討論。

The Eurasian Publishing Group
圓神出版事業機構
用心與你對話．視野無限寬廣
究竟出版社
Athena Press

http://www.booklife.com.tw
reader@mail.eurasian.com.tw

宗教系列 017

感謝主，我還是個諧星——笑著勇闖生命難關的女孩

作　　者／吳瑋萍
文字協力／施舜文
發 行 人／簡志忠
出 版 者／究竟出版社股份有限公司
地　　址／台北市南京東路四段50號6樓之1
電　　話／（02）2579-6600．2579-8800．2570-3939
傳　　真／（02）2579-0338．2577-3220．2570-3636
郵撥帳號／19423061　究竟出版社股份有限公司
總 編 輯／陳秋月
專案企劃／賴真真
主　　編／王妙玉
責任編輯／王妙玉
美術編輯／李家宜
行銷企畫／吳幸芳．張鳳儀
印務統籌／劉鳳剛．高榮祥
監　　印／高榮祥
校　　對／林雅萩．吳瑋萍
排　　版／莊寶鈴
經 銷 商／叩應股份有限公司
法律顧問／圓神出版事業機構法律顧問　蕭雄淋律師
印　　刷／祥峯印刷廠
2014年10月　初版

定價260元　ISBN 978-986-137-194-8

演一齣沒有劇本、情節也無法事先確定的戲很難，
但我禱告，請求上帝讓我演出祂的初衷，演出生命的精采。
劇情的起承轉合雖然未知，
但祂安排的戲絕對高潮迭起、驚喜不斷，並且溫馨感人！

——吳瑋萍，《感謝主，我還是個諧星》

國家圖書館出版品預行編目資料

感謝主,我還是個諧星：笑著勇闖生命難關的女孩 / 吳瑋萍著. -- 初版. --
臺北市：究竟, 2014.10
224面；14.8×20.8公分 --（宗教；17）

ISBN 978-986-137-194-8（平裝）
1. 基督教 2.見證
244.95 103016821